Heinrich Teweles

Prager Dichterbuch

Heinrich Teweles

Prager Dichterbuch

ISBN/EAN: 9783743656635

Hergestellt in Europa, USA, Kanada, Australien, Japan

Cover: Foto ©ninafisch / pixelio.de

Weitere Bücher finden Sie auf **www.hansebooks.com**

PRAGER DICHTERBUCH

HERAUSGEGEBEN

von

HEINRICH TEWELES

PRAG
FRIEDRICH EHRLICH'S BUCHHANDLUNG
(BERNHARD KNAUER)
1894.

Nachdruck der einzelnen Beiträge mit Quellenangabe gestattet.

Druck von Anton Renn in Prag.

INHALT

VERSE

Friedrich Adler:

	Seite
Leid	5
Tedeum	7
Nil admirari	9
Einem Dichter	10
Ein Gebet	11
Mein Theekessel	12

Zwei Lieder von GUSTAVO ADOLFO BECQUER:

Al ver mis horas de fiebre	13
Volverán las oscuras golondrinas	14

Franz Herold:

Heimat	17
Auf dem Strande	18
Mammon	20
Ode	21
Blätterfall	22
Leid	23
Madonna	23
Das Paradies	23
Sprüche und Epigramme	28

Alfred Klaar:

Sylvesterträumerei	33
Allegorie	37
Dem Freunde	39
Walter in Bozen	39

Seite

Hans Liebstöckl:

Am Marterkreuz	45
Am Teufelsfelsen	46
Blumenlegende	47
Auf der Fahrt	47
Vision	48

Hugo Salus:

Helgoland	51
Abend auf dem Meere	52
Auf den Knien	53
Geld	53
Die Uhr	54
Einsames Dorf	55
Quel giorno	56
Garabella	56
Der Blindenreigen	58
Klärchen	59
Dunkel	61
Von Kindern	61

Richard Schubert:

Niemals mehr	65
Oft von ihren zarten, kleinen	66
Frühling	66

Heinrich Teweles:

Ein verwelktes Sträusschen	69
Don Juan	70
Sommernacht	70
Bekenntnis	71
Die Linden sind im Blühen	71
Mein	72
Nacht	72
Spätsommer	73
Unsagbar	74

	Seite

Josef Willomitzer:
Es waren zwei Königskinder 77
Der Vogel Storrebein 78

PROSA

Robert M. Austerlitz:
Wie man auf Abwege geräth 83

Alfred Klaar:
Gerecht? 111

Laska von Oestéren:
Scheintodt 155
Seelenwanderung 163
Die Galerie der Freundinnen 166
Hymens Mission 170
Entre les deux 175

Heinrich Teweles:
Das Kind 181

Josef Willomitzer:
Am Ufer des Manzanares 235
Die Schwarzen beim „Schwarzen" 240
He- und Ludwig oder Lu- und Hedwig 246
Aphorismen 250

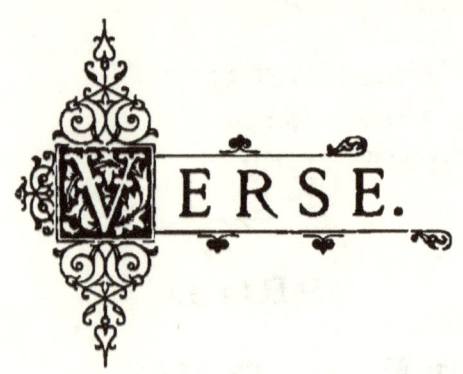

LEID.

(Beethovens neunte Symphonie, erster Satz.)

So viel Schmerz und warum?
So viel Kampf und wozu?

*

Es schüttet die Erde
Die Keime des Lebens
Sorglos hinaus,
Und sie wachsen, sie reifen,
Sie reifen und sterben.
Und dazwischen wie wenig
Leuchtet des Lichts!
Tausend Fäden,
Die ungeleitet irren,
Müssen sich finden
Und sich verweben,
Ehe der Freude
Karger Mantel das Herz umhüllt.
Aber jeder Faden,
Der fehlt des Weges,
Ist eine getäuschte Hoffnung,
Ist ein brennendes Leid.

Und schreiten seh' ich
Ueber das Leben hin
Die Woge des Unglücks.
Hoch auf
Bäumt sich ihr Berg,
Und wie sie herabstürzt,
Trifft ihr breiter Fall
Zahlloses Sein.
Und von ihr stäuben
Millionen Tropfen,
Und jeder Tropfen
Tödtet ein Glück
Und verwundet ein Herz.
Und rastlos, endlos
Erneut sich die Woge
Und steigt und fällt.

So viel Schmerz und warum?
So viel Kampf und wozu?

Und die zitternden Wesen,
Getrieben vom Schicksal,
Eilen dahin
Und ducken sich bange,
Oder füllen die Frist
Mit flüchtigem Lachen. —
Ehe sie selbst erliegen
Dem furchtbaren Los,
Kehren sie ab ihr Antlitz
Vom Grauen des Daseins.
Mich aber treibt es,
Den Jammer zu hören,
Das Weh zu empfinden,
Mich eins zu fühlen
Mit allen, die leiden.

Nicht wenden kann ich
Die bittre Qual,
Keine Hilfe hab' ich für Euch.

Aber weinen will ich
Und mit Euch beben,
Und Eures Schmerzes Widerhall
Giesse Trost in die Pein.
Kommt heran, Ihr Bedrückten:
Alle Noth,
Die dumpf auf Euch lastet,
Alle Verzweiflung,
Die austönt im Schrei,
Alles Ringen,
Das lautlos zusammenbricht —
Kommt, mein Herz ist Euch offen!
Und es will dulden,
Und mit Euch leiden,
Von aller Qual
Erzucken und schauern,
Und, alles Weh der Erde
In sich zusammenfassend,
Laut stöhnen und klagen:
So viel Schmerz und warum?
So viel Kampf und wozu?

TEDEUM.

Schon drei Tage tobt der Sturmwind, kraftlos sinken aller Hände,
Jedes Kämpfen ist vergeblich und sie harren auf das Ende.
An den Boden, an den Mastbaum pressen, klammern sich die Leute,
Stieren dumpf, reisst wild die Woge wieder einen mit als Beute.

Auf dem Deck, die Lippen blutlos, kniet Columbus im Gebete:
„Herr, vergönne deinem Knechte, dass sein Flehen vor dich trete!
„Einmal schon hast du geleitet meine Bahn auf irrem Pfade,
„Die im Traum du mir gewiesen, du enthülltest die Gestade.
„Deinem Namen, deiner Lehre wurden neue Reiche offen,
„Und ich durfte den Verlornen künden Heil und frohes Hoffen.
„Nur zu **deiner** Ehre wieder zog ich aus auf schwanken Wegen,
„Doch des Satans Grimm vermisst sich und will hemmen deinen Segen.
„Greif in seinen Arm, Gewalt'ger, brich des Sturmes wilde Schwingen,
„Rette deines Heils Gefässe, dein ist Wollen und Vollbringen!"
Sieh, mit einemmal im Westen wird die schwarze Wolke lichter,
Einer sieht's und kündet's, Freude färbt die starrenden Gesichter.
Und auf's Knie hin sinken alle: „Preis dir, Herr, von unsern Zungen!
Deine Diener sind geborgen und der Satan ist bezwungen!"

Und die Wolken ziehn vorüber und es winkt des Himmels Bläue
Und hernieder schaut die Sonne, die das Leben schützt in Treue;
Sie, die ewig hehr und heilig ihres Glanzes Strasse schreitet,
Ueber das, was ist und sein wird, ihres Lichtes Schimmer breitet.

Lächelnd blickt sie auf die Beter, die da liegen auf den Knien,
Feierlich zum Himmel schicken ihres Dankes Melodien.

Lächelnd blickt sie in die Herzen, drinnen Gier und Habsucht lauern,
Flugbereit, kaum, dass sie frei sind von des Todes dumpfen Schauern.

Lächelnd blickt sie auf den Einen, der, entflammt von edlem Wagen,
Hinzieht, Jammer und Zerstörung in die neue Welt zu tragen.

NIL ADMIRARI.

Nichts anzustaunen, das allein gewährt
Und bannt das Glück. Was Freund Horaz gelehrt,
Ich hab' es fast erreicht und bin nun Sieger —
Das zeigst du deutlich, ausgestopfter Tiger!

Wie lang, dass ich zum erstenmal dich sah!
Ein Junge, blöd und täppisch, war ich da
Aus einem Städtchen, fern von allem Leben,
Hineinversetzt in einer Hauptstadt Gassen
Mit ihren Häusern, ihren Menschenmassen,
Mit ihrer Hast, der keine Rast gegeben.
Noch band mich nicht zu sehr der Schule Pflicht;
Ich strich umher. Mit leuchtendem Gesicht
Sog ich die neuen Bilder in mich ein,
Die Wunder, ausgestreut an allen Ecken.
Gieng ich auch fehl, ich gieng doch stets allein,
Zu haben ganz die Freude am Entdecken.

Ein neu Erlebnis brachte jeder Schritt,
Mein Wissen wuchs, es wuchs die Seele mit.
Und einst, als ich halb träumend, halb im Wachen
Die Strasse schritt, fuhr ich zurück entsetzt:

Aus einem Fenster blickte drohend jetzt
Ein Tiger her mit aufgesperrtem Rachen.
Wohl merkt' ich gleich, dass eine dicke Mütze
Den Kopf bedeckt, ein Muff im Maule hängt,
Sein Körper diente buntem Kram zur Stütze —
Allein der Athem blieb mir eingeengt:
Ich sah das Auge nur, das lauernd wacht
Und starrte auf des Leibes stolze Macht.

*

Du stehst noch da, du lederner Gesell,
Und zeigst den Leuten dein geflecktes Fell.
Geh ich vorbei, es streift mein Blick dich kaum.
Du bist mir in der Jahre weitem Raum
Vertraut geworden bis zum Ueberdruss —
Ich weiss zu viel von dir: das ist der Schluss.

*

Doch da ich heute wieder dich betrachte,
Fühl' ich, was unbewusst mich glücklich machte,
Wie voll das Herz mir aufgieng im Erkennen
Und wie gering, was sie Erfahrung nennen.
Froh sag' ich mir: Halt nur die Augen offen,
Verlorst du viel, du hast noch viel zu finden.
Kalt liegt die Welt nur da den Sehend-Blinden;
Unendliches darf noch dein Blick erhoffen,
Denn, mag die Klugheit ihre Sprüche raunen,
Des Lebens Glück ist, alles anzustaunen.

EINEM DICHTER.

Wild tobt des Lebens Kampf einher,
Der Taumel bindet alle Sinne,
Gering gilt, was nicht dient zur Wehr,
Und unnütz, was nicht zum Gewinne.

Der Schönheit Dienst wird arg gehöhnt,
Ein leeres Ding für müssige Leute,
Und wem die Seele leise tönt,
Der birgt sie ängstlich vor der Meute.

Doch kommt ein Tag: da stockt die Jagd,
Es brennen heiss die matten Lippen,
Es wacht ein Sehnen auf und klagt:
„O einen Trunk! Nur um zu nippen!"

Dann naht der Dichter — lang gehegt
Hat er der Erde reine Gabe,
Und tröstend an die Lippen legt
Den Lechzenden er milde Labe. —

So wahrst auch du den hohen Schatz
Und sorgst mit Liebe, ihn zu mehren,
Scheint für ein Lied auch jetzt kein Platz,
Die Stunde kommt, da sie's begehren.

Dann drängen sie heran voll Qual —
Du aber hältst den Reichthum offen,
Und zündest mit der Schönheit Strahl
In bangen Herzen Muth und Hoffen.

EIN GEBET.

Heut morgens hab' ich ein Gebet vernommen,
Wie noch kein bessres mir ans Ohr gekommen.
Es sprach's ein Weib, den Knaben an der Hand,
Die mühsam sich durchs Marktgetümmel wand.
Der Knabe sah die Weihnachtsherrlichkeiten
Und liess begehrlich seine Blicke gleiten,
Sie sprach und schaute freudig auf das Kind:
„Gib, Gott, nur Kraft, dass ich mich tüchtig schind'!"

MEIN THEEKESSEL.

Morgens bereit' ich mir selbst den Thee,
Stelle den Kessel zurecht, wie von je,
Und der Weingeist flackert und flammt.
Warten ist nicht mein Lieblingsamt,
Und ich schaue nach andern Dingen.
Bald beginnt's zu summen, zu singen,
Aber ich bin gewohnt, es zu hören,
Lasse davon mich im Thun nicht stören.
Jetzt wird's dumpfer, es brodelt munter,
Tropfen fallen zischend herunter,
Endlich ein Brausen wie beim Katarakte,
Und der Deckel in stürmischem Takte
Tänzelt und klappert ohne Ruh —
Und jetzt spring' ich eilig herzu.

Weisst du, mein Kessel, ich lieb' dich so. —
Stoss' ich auf etwas, was dumm und roh,
Auf die Stumpfheit, welche kein Schaffen
Und kein Denken empor kann raffen,
Auf verjährte dunkle Gewalten,
Welche die Zeit im Zaume halten,
Auf manch läppischen Tagesstrauss,
Dann — es hilft nichts — muss es heraus.
Ist wer dabei, Gott schütze jeden!
Ich muss den Aerger herunterreden.

O ich seh' es wohl, wie die Klugen
Seitwärts zu mir herüberlugen,
Weil sie, die Gesetzten und Reifern,
Nie sich über etwas ereifern,
Immer besonnen und gemessen,
Niemals im Ausdruck sich vergessen,
Wie sie lächeln so mitleidsvoll —
Aber ich will nicht bergen den Groll,
Will mich ärgern und will zanken,
Will das Brodeln in meinen Gedanken,

Will es merken an meiner Hast,
Dass mich noch etwas ergreift und fasst.

*

Gönnen wir andern den stolzen Frieden,
Wir, mein munterer Kessel, wir sieden!

Zwei Lieder von Gustavo Adolfo Becquer.

AL VER MIS HORAS DE FIEBRE.

Wenn sich lang die Stunden dehnen
In des Fiebers heissem Bann,
An der Seite meines Bettes
Ach, wer wacht mir dann?

Wenn ich in den letzten Zügen,
Die dem Tod ich abgewann,
Streck' die Hand nach der des Freundes,
Ach, wer drückt sie dann?

Wenn die Helle meiner Augen
Schon die schwarze Nacht umspann,
Meine offnen Augenlider
Ach, wer schliesst sie dann?

Läutet die Begräbnisglocke,
(O, wer weiss auch, schlägt sie an!)
Ein Gebet für meine Seele
Ach, wer spricht es dann?

Wenn gebettet meine Glieder
In die dunkle Erde man,
An dem stillen Grabeshügel
Ach, wer trauert dann?

Wenn mein letzter Tag vorüber
Und des nächsten Licht begann —
Dass ich durch die Welt gegangen,
Ach, wer denkt daran?

VOLVERÁN LAS OSCURAS GOLONDRINAS.

Es kommen wiederum die dunklen Schwalben,
An deinem Fenster bauen sie ihr Nest
Und schlagen mit den Flügeln an die Scheiben
In neuem Frühlingsglück;
Doch jene, die so froh bei uns verweilten, —
Mein Glück und deine Schönheit hielt sie fest —
Die unser beider Namen freundlich kannten,
Sie kehren nicht zurück!

Es kommen wiederum des Geisblatts Blüten
Und klettern deines Gartens Wand hinan,
Und giessen abends, schöner noch geworden,
Den süssen Duft umher;
Doch jene, die im feuchten Thau geschimmert,
Dess Tropfen schweigend wir erzittern sahn
Und niedersinken, wie des Tages Thränen,
Sie kehren nimmermehr!

Es kommen wiederum der Liebe Worte
Und klingen stark und glühend an dein Ohr,
Und wecken wohl dein Herz noch aus dem Schlummer,
Der es umsponnen dicht.
Doch stumm und wortlos, auf den Knien liegend,
Wie man zu Gott voll Andacht blickt empor,
Wie ich dich einst geliebt, erkennen wirst du's,
Liebt dich ein andrer nicht!

HEIMAT.

O Heimat, die ich gemieden,
Wenn mir der Tag gelacht
In die Gärten der Hesperiden:
Da hab' ich dein gedacht;

Wenn hinter jeder Ecke
Die Sonne wartend stand,
Wenn Rosen von der Hecke
Umschmeichelten die Hand;

Wenn vor des Mittags Strahlen
Die Pinie mich gedeckt,
Wenn ich aus Gräbermalen
Den Widerhall geschreckt;

Wenn in den Uferklüften
Die blaue Woge klang,
Wenn an Orangendüften
Die Nacht berauscht sich trank;

Wenn sich zum Meeresgrunde
Der Sternenhimmel fand
Und um die goldne Stunde
Sich hold die Rebe wand.

Aber gefühlt dich innen
Am raschern Herzensschlag
Hab' ich beim Nebelspinnen
Am ersten Regentag.

AUF DEM STRANDE.

Lazzaronilumpenbande
Hält Siesta auf dem Strande.
Zwei am schwarzen Kielboot liegen,
Sich im Kies zum Schatten schmiegen;
Auf dem Molo schrein im Takte
Moraspieler, braune, nackte
Arme sich entgegenstreckend,
Finger starr wie Dolche reckend.
Alter, dich bekümmert's nicht,
Starre Lava dein Gesicht,
Paffst du langsam deinen Rauch
Wie der Alte oben auch,
Der Vesuv, der lang getobt,
Jetzt sich die Siesta lobt,
Capri zu, dem Meereskinde
In dem duft'gen Schimmerkleid,
Seine Ringe haucht gelinde
In verliebter Zärtlichkeit.
Finsterblau die Woge schaut,
Die dem Mörder nicht mehr traut,
Und mit tieferm Athemzuge
Weicht sie vor des Dampfers Buge.
Ei, wie ward am Strand es munter!
Wie sie sich zusammendrängen,
Wie vom Hafendamm herunter
Ihre nackten Beine hängen!
Der Erzähler ist gekommen,
Hat sie schon in Bann genommen
Hat zur Hand ein schmierig Buch,

Declamiert mit Schrei und Fluch,
Schmilzt in Seufzern, fliesst in Thränen,
Starrt im Hasse, schwebt im Sehnen:
„Wie zum Sarazenenthurme
Ibrahim sie roh entführt,
Im Gebet nicht, nicht im Sturme
Ihr getreues Herz gerührt.
Wie Delphinen anvertraut
Ihres Lebens Noth die Braut,
Und wie Er in goldner Rüstung
Klimmt auf des Altanes Brüstung,
Er allein mit seinem Schwert
Thurm und Schloss und Land verheert,
Siegend nach der Heimat kehrt;
Dorten, Liebste, spicht er, sieh,
Dorten: bella Napoli!"
Sind sie toll geworden alle?
Arme fliegen, Bein' und Knie,
Los es bricht mit einem Schalle:
Bella, bella Napoli!
Aus den rohen Seelen vor
Klingend loht der Heimat Chor,
Wie das Licht mit einemmale
Ueberfliesst des Himmels Schale.
Roth die Sonne widerbrennt
Aus den Fenstern von Sorrent,
Gelb vom Aloëschafte schlank
Mit des Kandelabers Flamme,
Fliesst in Bändern über'n Hang,
Röthlich von der Pinie Stamme,
Golden vom Orangenblatt,
Rosig um die Todtenstadt.
Selbst die schwarze Lava glüht;
Ei, sie mag sich wohl erinnern,
Wie sie aus des Berges Innern,
Dieser Knospe, einst erblüht!
Menschen, Woge, Stein und Strand,
Alle stehn in einem Brand.

Die vor'm Tag verstummt, geblendet,
Stimmen, eh' sie fort sich wendet,
Eh' die Sonnenmutter schied,
Alle in ihr feurig Lied,
Stimmen mächtiger, gelinder,
Alle ja der Sonne Kinder,
Die den Klang jetzt aufgeweckt,
Den in ihnen sie versteckt,
In der Sprache tönenden Lichtern,
In den lachenden Blumengesichtern,
Ach in Chören und Accorden
Die ein Liedchen kaum im Norden,
Wo Begeist'rung grau in Trauer
Leise singt im Vogelbauer.

Lazzaroni, wie ich neide
Euch im lochgeschmückten Kleide,
In den Adern rothen Wein
Und darin den Sonnenschein!

MAMMON.

Den Knaben sieh, mit stillen Augen
Dort abseits der Genossen Schwarm;
Wohl mag er ihrer Lust nicht taugen,
Und seinen Blick umflort der Harm.
Im Sammtgewand mit seid'ner Borte
Ist er des Unheils ärmster Sohn,
Denn seine Lipp' ist ohne Worte
Und, ach, sein Ohr ist ohne Ton!

Sie war des Städtchens schönste Blüte,
Die dieses Lebens Mutter ward,
Und selig ward ihr im Gemüthe
Der Liebe Gnade offenbart.

Doch nach des harten Vaters Munde
Nahm sie, erstickend ihre Glut,
Zu kaltem, ödem Ehebunde
Den Gatten aus verwandtem Blut.

Der Mammon sprach den grausen Segen,
Und hier noch tönt er grässlich nach.
O, sieh' das Kind die Lippen regen,
Doch sind's nicht Worte, die es sprach:
Zu schluchzend ungeformten Tönen
Wirft zappelnd es die Händ' empor,
Dem ewig sich zum Reich des Schönen
Verstummend schloss des Klanges Thor.

Frohlockend zieht im hellen Schwarme
Der arme Bursch im Sonntagskleid
Und stolz an des Erwählten Arme
Die wangenrothe, frische Maid.
Die Frühlingssonne gleitet nieder
Mitleidig von des Kindes Haar,
Und freudig grüsst sie immer wieder
Dort vor dem Thor das junge Paar!

ODE.

Rührend ist mir dein Los, schweigender Dulder du:
Last und Knüttel und Fluch, blutig gerieb'nes Fell,
   Und die Schmach eines Namens,
     Drüber der Dümmste der Dummen zürnt:

Esel! Siehe, dein Freund ward ich in Welschland gleich,
Wenn dein zierlicher Huf tastend hinan mich trug
   Auf sabinische Felsen,
     Steinigen Weg an Amalfis Hang.

Wenn entgegen uns kam sacht ein gequälter Freund,
Wenn ein Stall dich gegrüsst: wie sich dein schweres Herz
   Ach so schmerzlich erbärmlich
     Lyrisch ergossen im Yah-Y!

Grübelnd hat dich dein Los sinnend in dich geführt,
So die Stirne gesenkt mit dem vertieften Blick
   Bist du schicksalergeben,
     Stoischer Weiser, mein Vorbild gar.

Esel nennen sie uns, die wir so abseits gern,
Eig'ner Weide zulieb, lassen die Herde gehn
   Und den Schafen und Ochsen
     Mürrischen Hufschlag so oft versetzt.

Wart', es kommt ja der Tag: die uns geritten einst
Ziehn mit längerem Ohr seelenwandernd zum Stall,
   Wir — in den siebenten Himmel,
     Wo nur der Esel der selige wohnt.

BLÄTTERFALL.

   Die Blätter wurden gelb und roth
   In einer Nacht am Baume,
   Das sind von meinem Traume
   Die Freuden, welk und todt.

   Was soll es mir, wenn Blüt' und Blatt
   Im Frühjahr wieder grüssen?
   Es haben sterben müssen
   Zu viel an ihrer statt.

LEID.

Das ist ein Leid ob allem Leiden:
Da kommt dein Glück von irrer Fahrt,
Es spricht: Nun soll uns nichts mehr scheiden,
Da draussen ward mir's offenbart.

Es hat das Haar, das braune, weiche,
Es hat das sanfte Angesicht,
Es ist geblieben ganz das gleiche —
Und du bist's nicht!

MADONNA.

Wenn so ich alle Stunden
Dein denk' und immer dein:
Die Welt ist hingeschwunden,
Ich bin mit dir allein —

Wie in der Klosterzelle
Der Mönch, der malt und malt,
Bis von der Leinwand helle
Ihm die Madonna strahlt.

DAS PARADIES.

Und dieses Trümmerviereck war die Bühne;
Die eitle Fliege bläht sich da im Glanz,
Das Schicksal lauert mit dem Eidechsschwanz,
Schnapp, weg! Das war das Spiel von Schuld und Sühne.
Ameisenvolk die Heerstrass' hinmarschiert,
Die zur Orchestra sich hinab verliert.
Lasst mich in Frieden, braune Amazonen,
Ein Stündlein nur an Eurer Grenze wohnen;
Der gelbe Fenchel will beim Haupt mir stehn,
Zwergpalmen fächernd mir zur Seite wehn,
Die Märzensonne blinzelt her: Siesta!

Wie gern ich folg'! Hier also lag Segesta,
Von Bergen wohl gehütet in der Au,
Die fernher grüsst Panormus' Wogenblau,
Behaglich wie ein Kälbchen auf der Wiese,
Das wiederkäuend sich geschmiegt zum Grund,
Da kam der Schlächter her von Selinunt
Und schlug es todt in seinem Paradiese.

Das Paradies! Sind wir aus ihm vertrieben?
Ist jene Hoffnung, die uns führt und närrt
Mit einem Thor, das doch zuletzt gesperrt,
Ein dämmerndes Erinnern, hier geblieben?
Liegt es im Morgen, liegt's im Abend ferne?
Goldwölkchen zieh'n um meine Augensterne —
„Da frage den!" dröhnt eine Eisenstimme,
Die heimlich zittert vor verhalt'nem Grimme.
„Bist du nicht Donar mit dem rothen Bart?
So bist ein Normann du aus seiner Art!
Da diesen frag', der durft' ihm näher wohnen." —

„„So ist's die Heimat nicht der Königskronen?""
Und lächelnd tritt, im Bart die feine Hand,
Der Frager nah, im griechischen Gewand.

„Der Kronen, die aus Ketten umgeschmiedet?
Wo haben sie des Trägers Haupt umfriedet?
Der Knechte Sklave grollt' ich auf dem Thron,
Du warst ein Freier, freien Landes Sohn!"

„„Ein Bürger, ja, und hiess der Weise gar,
Und grüner Lorbeer schlang sich durch dies Haar,
Gesetze bracht' ich, Sieg und Beut' und Frieden,
Mich hat der schöne Dämon schlau gemieden.
Wie konnt' ich sinnen sonst, wie ich sie trüge
Mit schöner Rede und mit würd'ger Lüge,
Mit des Orakels schwer erkauftem Spruch!
Auf Zwang nur wird der süsse Pöbel hören
Und, auf die Tyrannei mit einem Fluch,
Bei seiner stolzen Bürgerfreiheit schwören.
Und Gott auch fand ich, fand ihn in der Welt,
Und Götzen hab' ich ihnen hingestellt!""

„Und mich fasst heut noch Wuth, seh' ich mich knien
Vor Petri Stuhl und drauf den List'gen, ihn,
Ich Priesterknecht! Ich hätt' ihn mögen würgen
Und schwur mich doch zu seiner Freiheit Bürgen!
Dich neid' ich, Moslim. Wie Ihr aufgestiegen
Im reinen Glauben, wie die Flamm' empor,
Die ohne Rauch, und auch im Unterliegen
Im Siegerzug zum Paradiesesthor.
Ein Mann vor Euch, der das Kameel getrieben,
In dessen Herz sich aber Gott geschrieben!" —

Der mit dem Turban wirft das Haupt ins G'nick:
„„„„So war es, war's — für einen Augenblick.
Die Flamme aber, die umblitzt die Welt,
Sie schlug verzehrend bald ins eig'ne Feld.
Dies Krummschwert hat des Bruders Fleisch geschnitten,
Der abgeirrt zur Rotte der Schiiten;
Und dem Propheten nachritt der Chalif,
Den weissen Burnus roth von Blutgetrief.
Und das Kameel des Volks, er hat's geschmückt
Mit Troddeltand und mit Geschirr berückt,
Mit Goldschabrack' und Purpur angethan
Und sanft regiert es — mit dem Yataghan!
So war es der Prophet, der uns verstiess
Aus uns'rer Wüste stillem Paradies,
Wo wir gelagert vor dem Wanderzelt,
Die Herzen hangend an der Sternenwelt.
Doch Allahs Sinn — mög' stets er sich erfüllen —
Hat es gewollt, ich kann ihn nicht enthüllen."""" —

„Ihr seid ja auch, wenn recht ich hab' vernommen,"
Der Normann ruft, „aus Edens Garten kommen,
Wo Wolf und Lamm sich nur im Haschen fiengen?
Hätt' nicht gewusst die Tage hinzubringen.
Dürft' an Walhalla ich doch glauben fort;
Der litt es nicht, der Mann am Kreuze dort!"

Der Grieche drauf: „„„So hallt's auch uns aus Sagen,
Dass Lamm und Löwe sanft am Bache lagen,

Wie die Dämonen in der Menschenbrust,
Des Guten noch, des Bösen unbewusst.
Wie stille Bäum', um die die Bienen schwirren,
Befruchtend sie, unwissend, was sie thun,
So standen ohne Wissen sie und Irren
Die Ahnen uns, die wir beneiden nun.
Die Welle konnt' nur schmiegen sich und schmeicheln,
Der laue Wind nur wiegen und nur streicheln,
Die Erde kniet' und bettelte: Nimm hin,
Nimm alles, was ich hab' und was ich bin.
Das gold'ne Alter, wie die Sage spricht,
Das Paradies, — und seht: Ich glaub' es nicht!
Doch dieser da"" — und trat heran zu m i r,
„„„Der ist ihm näher, näher längst als wir.
Schwertlos ans Land ist er vom Schiff gestiegen,
Seht dort Ihr noch des Rauches Fahne fliegen?
Und schwertlos kam mit ihm ein fremdes Heer,
Und doch ist Kampf Lust ihnen und Begehr.
Mit Wahn und Schein, mit rohem Widersinn,
Mit jenem Pöbel, der in uns da drin,
Der, weil er hier gar so bequem darf wohnen,
Aus Menschen klüglich hat gemacht Nationen.
Hellenen, wisst Ihr, gab es und Barbaren,
Im P a r a d i e s wird sich die M e n s c h h e i t scharen."""

‚Verzeih',‘ so rief ich, ‚auf den Eisenschienen,
Wie niemals noch schnaubt mit verstörten Mienen
Der Völker Herrschsucht über diesen Ball,
Und Wuth und Dünkel ist ihr Widerhall —‘

„„„Im A u g e n b l i c k; das jugendliche Schweifen
Darf nach den Fernen und den Sternen greifen —"""

‚Und möcht' am liebsten jeden Stern zerschlagen,
Wär' Gold er oder Speise für den Magen!
Hörst du denn nicht den Aufschrei jener Mengen,
Die sich geeint, den Fels der Noth zu sprengen?‘ —

„„„Der alten Welle unabwendig Spiel
Ums Gleichgewicht und darf nie ganz zum Ziel.

Ihr wisst die Welt, könnt neu und besser bauen,
Wo wir nur ahnten, könnt ihr klar sie schauen."''"
'So klar, dass alle Brillenträger sind
Und jeder Kopf wie Heu im Wirbelwind!
O, Ihr ward Menschen, schön, in sich beschlossen,
Wir: jeder Geist in einen Topf gegossen,
Ein Zettel drauf —' ""Und doch aus einer Flut,
Die durch das All in sich gegründet ruht.
Ich seh', es kommt: Ihr werdet Euch besinnen
Und findet ihn, ein jeder ihn da innen,
Den Einen, der auch uns're Ahnung war,
Wo, wie du willst, erbau' ihm den Altar,
Und alles, dem der Lebenstraum beschieden,
Kennt sich in ihm, schart sich in ew'gem Frieden.""" —

"""Ein Gott? So ist es Allah, Allah doch;
Für ihn dies Schwert und fall' ein Bruder noch!"""" —

„Was? Nicht mehr kämpfen?" schreit der Fuchsbart wild,
„Den Strohtod haben? Hei, wo ist mein Schild!
Du Sklavengott, du Spottnarr eines Recken,
Wo bist du denn, dich in den Sand zu strecken?"

Aus seinem Aug' flammt der Berserkerzorn,
Wie Heergetöse klirrt sein Eisensporn —
Ich fahr' empor — vor mir ein Hirtenknab',
Es klirrt der Stein von seinem Stachelstab.
Mit lust'gem Meckern und mit flinken Hufen
Die Ziegen klettern auf des Schauspiels Stufen.
„Herr, wollt Ihr Milch?" Wie ihm die Zähne blinken!
'Mein brauner Junge, Wahrheit gib zu trinken.
Doch nein, doch nein, 's ist keiner dran genesen;
Und ich bin doch im Paradies gewesen,
Dem einzigen in dieses Lebens Raum!
Wer sah mir zu dorther vom Wolkensaum?'

SPRÜCHE UND EPIGRAMME.

Im Wünschen und Wähnen
Sind Alle Feinde,
Durch die Taufe der Thränen
Doch eine Gemeinde.

❦

„Alles begreifen, alles verzeihn,"
Das mag für Sonn- und Feiertag sein;
Aber dem Werktag setz' als Ziel:
Begreife alles, verzeihe viel.

❦

„Stürb' ich im Feuer!" so rief der Baum und sah nach
                                                  dem Blitze;
Ja, und der Frevelnde ward Zündholz für Zündholz
                                                  verbrannt.

❦

Aerger, ein graulicher Rauch umzieht er den Himmel
                                                  des Tages,
Aber das Leid: ein Gewölk; wenn es zu schwer wird,
                                                  dann fällt's.

❦

„Der Schiller ist todt, war so nur ein Zwerg,
Scheint jetzt als Lichtlein von ferne."
So spricht das moderne Feuerwerk
Und platzt vor dem Sterne.

❦

Der Dichter hat zwar noch keinen Bart,
Doch die ausgeprägteste Eigenart.

❦

Naturalistische Dichter, Ihr Zukunfthähn' auf dem Miste,
Habt Ihr gekräht? Es kommt folgsam der Morgen sogleich!

❦

Erst mit Blöcken gebaut, dann mit Quadern, am Ende
                               mit Ziegeln —
Wer? Die Römer? Auch du, jeder, der etwas gewollt.

❦

„Dass du Jahrhunderte noch wirst stehn und Menschen
                               entzücken,"
Sprach der Meister zum Werk, das ihm in Marmor
                               entquoll,
„Ist mir nichts. Aber einst, ich seh's, da kommt der
                               Professor,
Streicht sich die Glatze und rückt glotzend die Brille
                               und spricht,
Spricht und spricht ohne End' von ‚Idee, Entwurf und
                               Gesetze' —
Wenn ich doch das schon verstünd'! Deshalb erschuf
                               ich dich ja!"

❦

Ei freilich, das Kunstwerk kriecht,
Gehorsam Eurer Lehre;
Nach Krammetsvögeln riecht
Ja die Wachholderbeere!

❦

Sterbender Fechter.

Gallier oder nicht, vielleicht ein sterbender Fechter,
Doch wer so uns ergreift, sicher ein sterbender **Mensch**.

❦

Da im Winkel ein Bild, im Bädeker namen- und sternlos,
Und durch der Säle Gewirr war es mir täglich ein Stern.

❦

Hast du Neapel gesehn, du bleibst, es hält dich magnetisch,
Aber wofern du es rochst, — dichte zu Ende den Vers.

❧

„Was Ihr Menschen nur wollt!" sprach eine Eidechs'
         im Zorne
In Pompeji zu mir, „hier, hier, in unserer Stadt!"

❧

  Spitzmäuschen auf dem Wege,
  Wer hat dich umgebracht?
  Wart', kleiner Bursch, ich lege
  Hier in das Moos dich sacht.

  Da kommen beutegierig
  Ameisen schon gerannt:
  Herr Gott, der Fall ist schwierig,
  Das ist ein Elefant!

❧

    Einklang.
Da habt Ihr einander zur Seligkeit, Amen.
Es stimmt so: die Kassen, die Häuser, die Namen
Die Titel, die Tanten, die Schwäger, die Sippen,
Die Farbe der Haare, die Zähne, die Lippen,
Der Stoff der Kleider, der Speisebrauch,
Die Uhren, die Ringe, das Herz ja auch.

SYLVESTERTRÄUMEREI.

„Lockt der alte Kreis der Freunde,
Lockt die lustige Gemeinde
Wieder zum Sylvesterschmaus?
Gläserklingen, Toaste sprechen,
Bis zum Morgengrauen zechen,
Uebt's den alten Zauber aus?
Wohl! Noch regt sich's mir im Blute
Und vom alten Jugendmuthe
Schlägt die Flamme neu hervor.
Folgst du dieser angefachten
Lust und schmückst mit nachgemachten
Blumen dir des Jahres Thor?

Seltsam! Mir im tiefen Innern
Tönt ein trauriges Erinnern,
Ueberschattet mir die Lust.
Sieh die aufgehäuften Trümmer
Deiner Hoffnung und noch immer
Ward der Wahn dir nicht bewusst?
Sprich, wo sind sie, die Genossen,
Die sich einst zum Kreis geschlossen,
Wenn die lust'ge Stunde rief?
Längst zersprengt ist die Gemeinde!
D e r ward fremd dir, d e r zum Feinde
Und der Beste — ach! — entschlief.

Suchst du Quellen neuer Zähren?
Willst du neue Keime nähren
Deiner Lebensbitterkeit?
Lass die alte Täuschung enden,
Lange nicht mit gier'gen Händen
Nach der flücht'gen Welle: Zeit!
Was du fassen willst, entfleucht dir —
Was du halten willst, entweicht dir —
So geschah's, so wird's geschehn.
Lern' entbehren, lern' misstrauen
Und verlerne, neu zu bauen,
Was du oft als Schutt gesehn!

Also träumend, also sinnend,
Also düstre Zweifel spinnend,
Wach' ich die Sylvesternacht.
An die altgewohnte Stelle
Vor dem Schreibtisch, an die Zelle
Bannt es mich mit dunkler Macht.
Doch mich mahnt's in meiner Seele:
Blick' um dich und suche, wähle,
Prüfe, was dich rings umgibt!
Und vielleicht wird dir ein Zeichen
Offenbar, wovor der bleichen
Zweifel Schar in nichts zerstiebt!

Und kaum ward mir der Gedanke,
Haftet an dem Bücherschranke
Plötzlich festgebannt der Blick.
Ward ich magisch angezogen,
Führt von dem, was mir gelogen,
Ew'ge Wahrheit mich zurück?
Wohl, ich folge Eurer Mahnung
Mich erfüllt's wie Trostesahnung
Und mir dämmert Freudenlicht.
Ew'ge Geister, die Ihr treu seid,
Alte Meister, die Ihr neu seid,
Weist von Euch den Jünger nicht.

Und ich trete vor den Schrank hin
Und ich höre auf den Klang hin,
Der den Geist zum Geiste stimmt:
„Todt seid Ihr den geistig Blinden,
Wer Euch sehen will, wird finden
Und wer hören will, vernimmt."
„Der vernimmt," so tönt's zurücke,
Und wohin mit eil'gem Blicke
Meine Seele durstig schweift,
Tritt wie aus erschlossner Pforte
Auch der Geist hervor im Worte,
Das mein Sinn mit Hast ergreift.

Und ich hör' des Stagiriten
Ernste Stimme: „Deinen Schritten
Wähl' die Mitte stets zur Bahn —
Nicht vertraulich, nicht verschlossen,
Doch vereint stets mit Genossen,
Denn da fängt der Mensch erst an!"
Und mir rufet der Bezwinger
Der Sophisten, grösster Jünger
Des Märtyrers von Athen:
„Lerne lieben die Gemüther,
Tausch' beim Gastmahl geist'ge Güter
Beim Symposion Ideen."

Und der grösste der Tragöden:
„Such in Wüsten nicht, in öden
Dir zu mildern je dein Weh!
Freund den Freunden! Dies Bewusstsein
Liess den Todesgang noch Lust sein
Hehrstem Weib Antigone!"
Und Homeros: „Nur die Blinden
Konnten einst mich blind erfinden,
Mich den Freund des Lebensrechts.
Selbst der Schattenfürst Achilles
Schmäht sein Fürstendunkel, will es
Tauschen mit dem Licht des Knechts."

„Von den Menschen strömt die Freude,
Selbst die Götter sehn's mit Neide,
Mischen sich in Menschenstreit.
Um zu lieben, um zu hassen,
Möchten den Olymp sie lassen
Und die kalte Herrlichkeit."
Und der grösste aller Briten:
„Sieh, was Timon einst gelitten,
Racherfüllt als Menschenfeind,
Mit den Menschen musst du's wagen,
Von den Menschen kühn ertragen
Selbst, was unerträglich scheint."

Und der Meister aller Meister
Ruft: „Im Strom der Menschengeister
Wird dein Wesen, wird dein Glück;
Such' die Guten zu erkennen —
Menschen meiden, heisst: verkennen;
Wer verkennt, der zagt zurück."
Und der edelste der Dichter
Mahnt: Sei stets ein strenger Richter,
Der sein eigen Urtheil fällt!
Aber juble — im Gewissen
Rein — „das Schuldbuch sei zerrissen,
Diesen Kuss der ganzen Welt".

Traumhaft hör' ich all die Stimmen,
Fühl' den Geist in Tönen schwimmen,
Deren Flut empor mich trägt.
„Doch wie find' ich das Vertrauen,
Neu auf schwanken Grund zu bauen?"
Frag' ich innerlich bewegt.
„Lern' entsagen, lern' entsagen,"
Tönt der Chorus der Choragen,
Tönt zurück der Grossen Ruf.
„Kämpfen und im Kampf dich fühlen,
Ist das Höchste von den Zielen,
Denen dich ein Gott erschuf."

„Zweifach suchst du ew'ge Klarheit,
Im Gedanken suchst du Wahrheit,
Wahrheit im Gefühl zugleich;
Wirst sie hier und dort nicht finden!
Nur dein Forschen, dein Empfinden,
Wahrheit suchen macht dich reich.
Nicht was Liebe dir zurückgibt,
Was du liebst, ist, was dir Glück gibt,
Deinem Auge gleicht dein Sinn;
Eine Welt, nicht zu verscherzen,
Trägst im Aug' du, wie im Herzen,
Was du fühlst, ist dein Gewinn."

— — — — — — — — —

Also tönt der Geister Kunde,
Da die mitternächtige Stunde
Mich erweckt aus Träumerein.
Dies Geläute, das vom Thurme
Donnernd dröhnt, gilt's neuem Sturme,
Oder läutet's Freuden ein?
Freude, Stürme — sei's, wie immer!
Fühl' ich mich doch wie ein Schwimmer,
Der hinab zum Grund getaucht,
Und der alles Wogenstürmen,
Wie sich auch die Fluten thürmen,
Fürder nicht zu fürchten braucht.

ALLEGORIE.

Aus Wiesen und Waldgedränge
   Zwängt sich ein Felsen empor
Und hebt das Haupt, das strenge,
   Bis an des Himmels Thor.

Vom Fusse bis zum Gipfel
   Erscheint er festgebannt,

Des Waldes bewegte Wipfel
   Umsäumen sein steinern Gewand.

Und dunkelt's, dann dringt ein Geflüster
   Vom Thale zu ihm nur sacht,
Es hauchen die Blumengeschwister
   Einander gute Nacht.

Es kosen hinüber in Träume
   Die Vögel an seinem Fuss,
Es winken die Nachbarbäume
   Einander den nächtigen Gruss.

Und droben ein leuchtendes Werden,
   Es funkelt und glimmt durch die Nacht.
Zu Füssen die schlummernde Erden,
   Zu Häupten die himmlische Wacht.

Die Blumen schlummern gemeinsam,
   Vereint zieh'n Sterne die Bahn;
Der Felsen nur starret einsam
   Und traurig hinab und hinan.

Das Antlitz fahl und düster
   Doch innen Glut und Drang,
Ihn lockt der Blumen Geflüster,
   Der Sterne stummer Gesang.

Kein Weg zur lichten Höhe,
   Kein Weg zur tiefen Lust,
So wacht er, ein glühend Wehe
   Verschlossen in Felsenbrust.

So wacht er heran den Morgen
   Und Wunder — im ersten Schein
Gewahrt er am Herzen geborgen,
   Ein Leben erwachsen aus Stein.

Wo es im Felsen glühte
 Von Sehnsucht tief und heiss,
Da sprang — halb Stern — halb Blüte
 Hervor ein Edelweiss.

DEM FREUNDE.

Gestern noch mit dir gemeinsam
 Frohen Schritt's durch Wald und Flur —
Heut beschaulich, stille, einsam,
 Nur zum Freunde die Natur.

Dieses Scheiden, dies Begegnen —
 Rührt es deine Seele nicht?
Lass uns jede Stunde segnen,
 Da das Herz zum Herzen spricht.

Was uns lächelt, was wir leiden —
 Banges Herz, du ahnst es kaum,
Ist ein Aufruf nur zum Scheiden,
 Ist ein fluchtbereiter Traum.

Traum ist Leben, Jahr und Stunde,
 Endlich bleibt uns E i n e s nur —
Stiller Gruss zum ew'gen Bunde
 Mit dem Keimen der Natur.

WALTER IN BOZEN.

Ich höre die Wasser fliessen
Und horche sinnend darauf,
All meine Träume ergiessen
Sich in der Wogen Lauf.

Wo sie gen Süden drängen
In muntrem Wirbeltanz,

Umstarrt von Felsenhängen,
Umgrünt vom Wiesenkranz,

Wo sie gen Wälschland schäumen,
Bespiegelnd deutsches Land,
Da hält mein Sinnen und Träumen
Vor einem Erzbild Stand:

Ei sieh da, Herre Walter,
Der von der Vogelweid,
Steigst du hernieder, Alter,
Zu wecken die junge Zeit?

Kommst du in Erz gegangen,
Rief dich die Noth herbei,
Der du, gedankenumfangen,
Im Herzen frank und frei?

O lass dich preisen und grüssen
Um deinen Sang und Klang —
Wir lauschen dir zu Füssen
In Ehrfurcht und in Dank.

Und, sehn wir nun dich ragen,
Lebendigste Gestalt,
Gewähre uns zwei Fragen,
Wie du so jung und alt!

Weit rauschen in die Ferne
Vernimmt man deinen Sang,
Wir wüssten gar zu gerne,
Wo solche Flut entsprang?

Zu Frühlings Preis und Ruhme
Schlägt Wog' um Woge auf,
Wie heisst die schönste Blume,
Die sie geküsst im Lauf?

Du lobtest tapfre Wehre
Und schaltst der Feigen Flucht,
Du priesest der Frauen Ehre
Und sangst der Männer Zucht.

Das Erste und das Letzte
Verschwiegst du uns zumal:
Die Minne, die dich ergötzte
Und deiner Heimat Thal.

Da hör ich's tönen und schwirren,
Als bebte die Fiedel von Erz,
Als wollte das Schwert erklirren
Und pochen das eherne Herz.

Ein Lächeln will sich regen
Um ernster Lippen Bug,
Wie's güt'ge Männer hegen,
Wenn sie ein Kind befrug.

Und wie an den Bergen die Firne
Und drunter Wald zu schaun,
Haucht Ernst von Walters Stirne,
Blüht's unter seinen Brau'n.

„Wo ich einst singen und sagen
Gelernt, in Oesterreich,
Da will ich's aufs neue wagen
Und lohnen Gleich mit Gleich;

Wo einst empor vom Morgen
Die Sonne Deutschlands stieg,
Da fühl' ich mich wohlgeborgen
Und künde deutschen Sieg.

Wo ihr die alten Marken
Mit junger Kraft bewahrt,
Da fühl ich mich erstarken,
Zu stärken deutsche Art.

Auf altem Völkerwege
Halt ich getreu die Hut,
Und, wer vorbeiwallt, hege
Erhöhten Sinn und Muth.

Des Südens Himmelsbläue,
Der Berge ernste Wacht —

Die Sehnsucht und die Treue
Wirkt hier mit alter Macht.

Ich lächle jedem Glücke,
Das wandernd blüht und singt,
Und warne vor der Tücke,
Die über die Berge dringt.

Hier steh' ich als ein Wächter,
Der Volk und Freiheit meint,
Mir wär' kein Platz gerechter
So weit die Sonne scheint.

Das Erste und das Letzte
Verschweig' ich allzumal,
Die Minne, die mich ergötzte
Und meiner Heimat Thal.

Wem nur in deutschen Landen
Des Lebens Flut entsprang,
Den halt' mit starken Banden
Mein Lied als Heimatssang.

Wer Minne hold verschwiegen
Empfangen und gewährt,
Dem sei zum höchsten Siegen
Mein Lied als Preis beschert.

Sein Letztes und sein Erstes
Verschweigt der Dichtermund,
Das steigt empor als Hehrstes
Aus Eurer Seelen Grund.

Wer immer mich erschaue,
Der les' in meinem Reim
Das Lob der eignen Fraue
Und seiner Mutter Heim."

HANS LIEBSTÖCKL.

AM MARTERKREUZ.

Am Marterkreuz,
Da hieng ein Kranz,
Der Wind mit ihm
Trieb seinen Tanz.

Die Blümlein welk,
Das Band verblüht,
Das Lämpchen auch
Schon halb verglüht.

Der Heiland nur
Sah müd und bleich
Vom Kreuz herab
Auf's welke Reich.

Ein Thränlein hab'
Ich da verwischt:
Der Kranz zerfiel,
Das Oel verzischt'...

AM TEUFELSFELSEN.

Still rings der Tann! Verwittertes Gestein,
In Moos versunken, liegt auf allen Wegen,
Und wie ich schreite, tritt im Dämmerschein
Die Sage mir vom Teufelsfels entgegen:

Wie einst der Teufel, trotzend der Gewalt,
Mit Frevlerhand hier Fels auf Fels geschlichtet,
Und als der Glocke zwölfter Schlag verhallt,
Sein stolzes Werk auf immer war vernichtet. —

Einsam, verwittert ragt der Fels hervor,
Und warnend will er aus dem Walde grüssen;
Ich steige sinnend, still an ihm empor,
Tief unten liegt das Land zu meinen Füssen.

O, herrlich ist's, zu trotzen der Gewalt,
Der Welt zum Gram solch einen Felsen bauen!
Und wenn des Lebens Stundenschlag verhallt,
Und Glücklichere dort herniederschauen:

Nur zu! Dann mag die nimmermüde Zeit
Das stolze Werk mit Sturmgewalt vernichten, —
Euch, die Ihr einst zum Schau'n berufen seid,
Euch will ich rastlos meine Felsen schlichten! —

BLUMENLEGENDE.

Sie wenden sich der Sonn' entgegen,
Die Blümlein alle auf der Au,
Sinkt dann die Nacht auf allen Wegen,
Netzt still sie leichter Thränenthau.

So wenden wir in trunk'ner Wonne
Zur Wahrheitssonne unsern Blick:
Wir jubeln auf, es sinkt die Sonne,
Und eine Thräne bleibt zurück.

AUF DER FAHRT.

Die Sonne tief am Bergesrand
In bunten Wolkenflügeln,
Im Flug vorbei das weite Land
Mit Strömen dort und Hügeln!

Was ist's denn all? Von Lieb' und Glück,
Von duft'gem Waldesweben
Ein Schimmer nur, ein flücht'ger Blick
Vom Zug der Zeit ins Leben...

VISION.

Ich zieh' im Abendroth,
Hinter mir der Tod.
Ich hab' ihn fortgeschickt,
Doch er nickt.
Ich grüsse ihn, er dankt,
Nickt und nickt und wankt.
Mich schnürt es in der Kehle,
Wir sind wie Leib und Seele...
Komm weiter,
Begleiter!

HELGOLAND.

Der harte Seewind gerbt mir meine Wange
Und färbt sie braun. Die Aermel hochgeschürzt,
Helf' ich dem Seemann an der Ruderstange,
Des Meeres Odem schlürfend, salzgewürzt.

Wie höhnend spritzt mir ihren eisig frischen,
Prickelnden Schaum ins Angesicht die Flut,
Ich habe keine Zeit, ihn wegzuwischen,
Und freu' mich, brummt der Seebär: „So ist's gut."

Ein helles Jauchzen drängt sich mir zur Kehle,
Und freudig flattert in des Busens Haft
Die glückliche und aufgeregte Seele —
Die Kraft zieht ein in mich, die heilige Kraft.

Die heilig rohe Kraft in starken Armen,
Die in den Staub den wilden Löwen zwingt,
Des Weibes Leib erkämpft, den lebenswarmen,
Und die des Männerzornes Kriegsschwert schwingt!

Mein zornig Herz, nun magst du dich erbosen,
Nun magst du wünschen, was dir Freude schafft!
Und willst du Heldenthaten oder Rosen,
Ich schaff' sie dir: Ich hab' die heilige Kraft!

ABEND AUF DEM MEERE.

Wenn im letzten Sonnenscheine
Hell das Meer in Flammen loht,
Stösst vom gelben Meeresstrande
Unser laubbekränztes Boot,
Die geschwellten Segel knattern,
Drein der Abendwind sich legt,
Der uns aus der weissen Brandung
Auf die weiten Wasser trägt.

Aller Augen leuchten heller
Und es überfliesst der Mund,
Sein verborgenstes Geheimnis
Thut mir der Genosse kund;
Und vom Mast mit heller Stimme
Seemannsgruss hinüberdringt,
Wenn von andern frohen Booten
Weisser Tücher Grüssen winkt.

Nun versinkt die glüh'nde Sonne
Und es rauscht empor das Meer,
Graue Nebelschleier wallen
Feierlich vom Westen her,
Fern in unermessnen Weiten
Tauchen rothe Wolken ein,
Auf die dunklen Wasser giesst sich
Breiter, weisser Mondesschein.

Eine unergründlich tiefe,
Heilige Ruhe senkt sich sacht
Auf das Meer. Den Sternenmantel
Breitet aus die stille Nacht:
Längst verstummten Sang und Rede
Und die Seele schweigt und ruht;
Nur die weissen Wellen murmeln
Träumend auf der dunklen Flut.

AUF DEN KNIEN.

Anselm von Poitou, der Held, von Lieb bezwungen,
In wilden Seufzern war sein Liebeslied verklungen:

„Für alles Leid und Weh, das ich um dich erlitten,
Wirst du mich auf den Knien einst um Vergebung bitten."

Sie war empört und rief: „Was that ich dir, du Schlimmer?
Ich auf den Knien vor dir! Ich schwöre: Nie und nimmer!"

Die Monde flossen hin. Ihr Stolz schmolz seiner Treue,
Sie schwur ihm ihre Lieb' von Tag zu Tag aufs neue.

Sie stand vor ihm; der Mond glänzt durch der Laube
               Flieder,
Da zog auf seine Knie die Bebende er nieder.

Und drückt sie fest an sich mit seinen starken Armen:
„Vergebung fleh'! Ich schwur und kenne kein Erbarmen!

„Für alles Leid und Weh, das ich um dich erlitten,
„Wirst du auf meinen Knien jetzt um Vergebung bitten."

GELD.

Ein Geldschein kam in meine Hand,
Von einem Mädchen auf den Rand
Stand hingeschrieben schicksalsschwer:
Für dich gab ich die Unschuld her.

Wer's auch geschrieben auf den Rand;
Ob zitternd eine bleiche Hand,
Die kaum, von Gegenwehr erschöpft,
Das dünne Jäckchen zugeknöpft;

Wer's auch geschrieben auf den Rand,
Ob einer Dirne müss'ge Hand,
Die eben in erlogner Lust
Den Wüstling drückte an die Brust:

Ein fürchterliches Elend schrieb
Die Zeile, die erhalten blieb,
Wenn auch den Schein als Unterpfand
Ein Wucherer drehte in der Hand,

Wenn auch, des Scheines tiefen Sinn
Nicht achtend, eine Königin
Ihn gab für eines Schmuckes Tand —
Von eklem Schmutze starrt der Rand!

Und dennoch bist du schlechter nicht,
Trägst du auch schamlos im Gesicht
Die off'ne, unbedeckte Schand':
Kein bess'rer geht von Hand zu Hand.

So kamst du mir und gehst davon,
Und gierig streckt nach dir sich schon
Der Habsucht spinnendürre Hand,
Und weiter wanderst du durch's Land!

DIE UHR.

Ich seh' vom Fenster eine Strassenuhr,
Die als sein Schild ein Uhrenhändler führt,
Durch dürre Zweige so bis Mitte Mai,
Bis die Allee zum Frühlingsblühn erwacht.
Ganz deutlich auf dem weissen Zifferblatt
Seh' ich die dicken Knospen dann gedeihn,
Bis eines Tags die römische Sechs verschwindet,
Weil just ein keckes Reis die Knospen brach.

Zu Anfang Juni, wenn die Blumenmädchen
Mit duftigen Körben an den Ecken stehn
Und auch mein städtisch Frühlingsherz erwacht,
Verschwindet schon ein Viertel meiner Uhr,
Nur kurz erscheinend, wenn ein Windstoss fährt.
Im Juli wiegen sich auf linden Lüften
Viel tausend grüne Blätter hin und her
Und decken mir das halbe Zifferblatt
Mit dichtem Schleier, und ein kecker Zweig,
Wie übermüthig Blätterfähnchen schwingend
Dehnt sich bedenklich fast zur XII hinauf.
Jetzt im August, da ich sehr früh erwache,
— Denn heute, heute endlich kann ich fliehn
Und athme morgen schon des Waldes Hauch
Auf hohen Bergen und der Matten Duft —
Ist mir die ganze Uhr wie in ein Grab
Hinabgesunken und die Zeit mit ihr:
Und morgen seh' ich Wiesen, Wälder, Alpen!

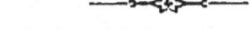

EINSAMES DORF.

Ein einsam Dorf mitten im Wald.
Im Rauschen der dunklen Tannen verhallt
Das Lärmen der Welt.
Die weissen Häuser leuchten im Sonnenschein,
Der Himmel ist blau und die Luft ist rein;
An dem Markstein draussen im wogenden Feld
Endet für jeden das Leben der Welt:
Im Dorf sind sie geboren,
Wenn im Kirchlein das klagende Glöcklein erschallt,
Schlafen sie ruhig im dunklen Wald.
Aber einmal des Tags durch den stillen Wald
Saust des Lebens dröhnende Allgewalt
Auf sonnenbeglänzten, donnernden Schienen.

Und täglich, und täglich mit staunenden Mienen
Sehn sie des stürmenden Lebens Gewalt.
Das Donnern verhallt,
Und zurück in den Frieden
Sinkt das Dorf und der feierlich rauschende Wald.

QUEL GIORNO . . . . . !

Arbeiteraufstand, Mord und Ueberschreitung
Der socialen Schranken; Meuterei
An allen Enden: für den ersten Mai
Weissagt im Leitartikel meine Zeitung.

Das Land durchreisen schon zur Vorbereitung
Aufwiegler kreuz und quer, um mit Geschrei
Das Volk zu lehren, was ihr Rechttheil sei.
Flugschriften finden zahllose Verbreitung!

Am ersten Mai spazierte ich im Grünen
Und traf Arbeitervolk vor einer Schenke
Im Festgewand, mit frohen Sonntagsmienen.

Im grünen Garten füllten sie die Bänke,
Ein fröhlich Bild, ganz ohne Nebendeutung! —
An diesem Tage las ich keine Zeitung.

GARABELLA.

Schau' ich früh aus dem Fenster heraus,
Harrt meiner schon ein Seelenschmaus,
Der meiner Laune sonniger Retter
Bleibt beim schlechtesten Regenwetter:
Wohnt gegenüber ein Schneiderlein,
Ich seh' ihm gerad in die Werkstatt hinein,

Ein kleiner, aus Welschland hergereister
Und haften gebliebener Schneidermeister;
Der erfreut mich gerade nicht,
Er hat ein Dutzendschneidergesicht,
Die italienischen, schwarzen Locken
Sind vor den deutschen Winden erschrocken,
Struppig geworden und ruppig auch;
Ein Bärtlein trägt er nach Schneiderbrauch,
Gar nicht milanisch oder römisch!
Die Nase ist eher polnisch-böhmisch,
Und neidisch auf seine Aeugelein
Könnte der Kaiser von China sein:
Aber der Kerl trägt einen Namen,
Den kann ich zu lesen nicht erlahmen;
Denkt Euch, der Bursch heisst Garabella,
Ich bitt' Euch, Paolo Garabella!
Wie das in den Ohren klingt,
Die Schneiderwerkstatt gegenüber versinkt,
Blau und unergründlich schön
Seh ich Italiens Himmel erstehn:
Die Campagna dehnt sich im Sonnenschein,
Maulthiere treiben in langen Reih'n
Getrieben von Schönen mit Augen wie Kohlen;
Im Lorbeerhaine auf flüchtigen Sohlen
Tanzen Paare im bunten Gewand,
Castagnetten in der Hand;
Dort im Hintergrund liegt Rom,
Deutlich seh' ich den Petersdom,
Eine Procession kommt eben gezogen,
Welche Farben, welch buntes Wogen!
Bin ich nicht glücklich?! Ein Schneiderlein
Mit seinem klingenden Namen allein
Lässt täglich von neuem und immer schön
Vor mir das Land meiner Träume erstehn!

DER BLINDENREIGEN.

I.

Ein blinder Jüngling starb. Im Eichensarg
Liegt nun der Leib, der seine Seele barg,
Und fährt zur letzten Ruhestatt hinaus.
Die armen Freunde aus dem Blindenhaus
Geh'n hinterdrein, die todten Augen weit
Und leer hinstarrend in die Dunkelheit.
Ein Führer geht voran; in seiner Hand
Hält er ein langes, hanfgewobnes Band,
Daran die Blinden, Paar nach Paar, sich halten,
Die jungen erst, die reifen, dann die alten.
In ihren freien Händen müde kämpft
Geweihter Kerzen Licht, vom Wind gedämpft.
Sie geh'n, anklagend mit den starren Blicken,
Die helle Stadt entlang, und singend schicken
Gebete sie dem Freunde nach zum Himmel;
Es stockt ringsum der lauten Stadt Gewimmel,
Wo sich der dunkle Blindenreigen zeigt:
Die Stadt hält ihren Athem an und schweigt.

II.

Und in die Vorstadt, zu der Armut Hütten,
Kommt feierlich und ernst der Zug geschritten.
Vom nahen Felde weht der Erde Duft,
Die müden Kerzen flackern in der Luft;
Ein leichtes Roth spielt auf der Blinden Wangen,
Die lange nicht so weiten Weg gegangen.
In Massen steht das arme Volk und stiert
Dem Trauerzuge nach und seltsam rührt
Der Blinden Elend an die armen Herzen:
Sie seh'n verwandtes Leid im Schein der Kerzen
Hinwandern zu dem stillen Friedhofsgrab:
Die abgegriffnen Mützen zieh'n sie ab
Und treten unbewusst dem Zuge bei;
Sie ordnen sich und gehen Zwei und Zwei

Als hielten sie das hanfgewobne Band
In ihrer derben, schwielenharten Hand.
Die Blicke starr ins Grau gerichtet, schreiten
Sie trottend hin und ihren Schritt begleiten
Geseufzte Worte, Schluchzen, Weinen, Beten.
Unendlich wird der Zug, und immer treten
Noch neue Paare an den Zug heran:
Wem keine Sonne leuchtet, schliesst sich an
Und wem die Flamme starb auf seinem Herde —
Und betten den Genossen in die Erde.

III.

Der Todtengräber singt sein Arbeitslied.
Er aber, dem kein Strahl ins Aug' geglüht,
Da er noch lebte, fand die Stufen gleich,
Die niederführen in des Todes Reich;
Er schritt, die Finger tastend an den Wänden,
Die Treppen abwärts, sehend mit den Händen.
Und plötzlich, da er viele Stunden lang
Den Fuss vor Fuss gesetzt im dunklen Gang —
Mit einem Male schmerzlich brennend sticht's
Ihm durch das Auge, Blitze rothen Lichts
Umzucken ihn, er schliesst bestürzt die Lider
Und vor der Todespforte stürzt er nieder.
Ein lichter Engel aber, voll Erbarmen,
Erhebt vom Boden ihn und führt den Armen
Durch grüne Haine, kaum vom Licht durchglüht:
Die Seele schlägt die Augen auf und sieht.

KLÄRCHEN.

Eben war sie fünfzehn Jahre,
Als ich sie zuerst erschaute:
Reizend war sie, wie ein Knöspchen,
Lieblich wie ein Weihnachtsengel,
Frisch wie eine wilde Hummel,
Klug, ei, wie ein kluger Backfisch.

Einmal kam sie aus der Schule
Plötzlich auf mich zugeschossen;
Sprach: Herr Hugo, endlich weiss ich,
Wem sie eigentlich so ähneln!
Auf der Musiktasche klebt sein
Bild: mein lieber Chopin!
Und ich dachte: Armer Chopin!
Jetzt nach einem langen Jahre
Kommt sie von der hohen Schule,
Aus der Schweizer Bildungsschule.
Oft hatt' ich im Drang des Tages
Ein Momentchen stillgestanden
Und ihr Bild mir vorgezaubert,
Wie sie, leicht das Köpfchen neigend,
Ihre klugen Augen aufhebt
Und die kirschenfrischen Lippen
Sich zu einer Frage kräuseln:
„Wie so kommt es wohl, Herr Hugo?"
Oder: „Sagen Sie, Herr Hugo;"
Denn den Namen Hugo liebt sie,
Und er hat für dieses Alter
Etwas Edles, Ritterhaftes,
Etwas Schlankes, Blondgelocktes.
Und sie kommt! In langem Kleide!
Knöspchen ward zur schönen Blume,
Doch — das Knöspchen war mir lieber!
Ein gelehrter Weihnachtsengel!
Eine sittsam strenge Hummel!
Eine tadellose Jungfrau!
Und sie kommt mich nicht mehr fragen,
Leicht das feine Köpfchen neigend,
Und sie lacht, da ich sie frage,
Ob sie mich noch ähnlich finde
Ihrem schwärmerischen Chopin!
Und sie nennt mich nicht mehr Hugo!
Armer Chopin! Armer Hugo!

DUNKEL.

Zwischen dunklen Tannenbäumen
Seh ich gern zur Dämmerzeit,
Wenn verträumt die Aeste schwanken,
Schimmern hell ein Frauenkleid;
Oder in des Waldsee's dunkelm
Wasser, drauf der Nebel raucht,
Eines Knaben weissen Körper,
Wenn er aus den Fluten taucht;
Oder draussen weit im Meere,
Drauf des Abends Schleier sinkt,
Wenn, ein Restchen Licht erhaschend,
Hell ein weisses Segel winkt.
Solch ein kleiner Streifen Lichtes,
Dem allein die Lust verblieb,
Seine Strahlen zu versenden,
Macht mir erst das Dunkel lieb:
Das mich ängstigt, wenn es neidisch
Auch den letzten Strahl verdrängt
Und die schwarze Trauerfahne
Triumphierend niedersenkt.

VON KINDERN.

Denk' ich daran, wie wir Kleinstadtknaben
Einst in der Freiheit geplätschert haben,
Glücklich uns tummelnd, wie junge Füllen,
Dank' ich den Eltern noch jetzt im Stillen
Für meine schönsten Erinnerungen.

Aber jetzt! Die armen Jungen!
Möchten so herzlich gern, aber leider,
Mama findet's unfein, und dann — die Kleider!
Schimpf' ich, ist gleich die Antwort hier:
„Die Kinder sind jetzt gescheidter dafür!"
Freilich, aber ihr habt nie bedacht,
Dass i h n e n die Klugheit nicht Freude macht,
Und dass sie in ihrem Leben auf Erden
Genug Zeit haben, gescheidt zu werden.
Eine Unart macht ihnen mehr Genuss,
Als ihr denaturierter Spiritus,
Und käme Christus, der Kinderfreund, wieder
Zu uns und den lieben Kleinen hernieder,
Spräch' er wohl jetzt zu den lauschenden Frommen:
Lasset die Kindlein zu sich kommen!

RICHARD SCHUBERT.

NIEMALS MEHR.

Was weinst du nur und birgst dein Haupt
An meiner Brust? — Du hast geglaubt,
Du fändest Ruhe und Vertrauen,
Du fändest selber dich zurück,
Wenn du ins Aug' mir könntest schauen.

Nun kannst du's nicht! — Und vor dem Blick
Der ängstlich dich befragen will,
Ob alles noch so ist wie einst,
Senkst du die Augen scheu und weinst
Und weinst an meinem Herzen still. —

Und deine Thränen lösen lind
Den Groll, der jäh mich fassen wollte,
Mir ist, als ob ein scheues Kind
Mit gutem Wort ich trösten sollte.

Ich frag' dich nicht, wie es gekommen,
Nicht, was mir deine Lieb' genommen,
Küss' einmal noch die braunen Locken —
Und bin darob zu Tod erschrocken,

Als wenn es ein Verbrechen wär'.
Es ist so traurig — zum Erbarmen,
Ich halte dich in meinen Armen
Wie einst, wie einst — und niemals mehr!

Oft von ihren zarten, kleinen
Wunderlieben Kinderhänden
Konnte ich den Blick nicht wenden,
Und mir war, als müsst' ich weinen.

Denn so zart wie diese süssen
Hände, war sie ganz, die Holde,
Von des Scheitels keuschem Golde
Bis zu ihren kleinen Füssen.

Und so zart war auch der reinen
Kinderseele feines Wesen,
Und so oft ich d'rein gelesen,
War es mir, als müsst' ich weinen.

Weinen, dass auch ihr beschieden,
Auf dem rauhen Pfad zu wallen,
Wo die Stärksten straucheln, fallen
Und die Tapfersten ermüden. —

* * *

Und nun ruht sie unterm Hügel. —
Dort in einem Blütenhaine,
Mild geformt aus weissem Steine
Steht ein Engel ohne Flügel.

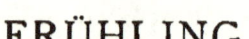

FRÜHLING.

Es hat ihr bräutliches Schneegewand,
Ihr blitzendes Eisgeschmeide
Die Erde vertauscht mit dem Wellenband
Und schillerndem Blumenkleide.

Wie nun in ihrer blühenden Brust
Die glühenden Pulse pochen: —
Sie lebt in lachender Frühlingslust
Glückselige Flitterwochen!

EIN VERWELKTES STRÄUSSCHEN.

Wie fällt mein Blick auf euch, verdorrte Blüten?
Ich sah euch täglich, und nun sinn ich nach —
Ich wusst' es im Gedächtnis nicht zu hüten —
Wer euch zum Welken und Vergehen brach?
Hab' ich euch einmal für mich selbst gepflückt,
Von eurer Form, von eurem Duft entzückt?

Sagt, hat nicht eine liebe Hand vielleicht
Gebrochen euch und bebend mir gereicht,
Dieweil ich, euer achtlos, unverwandt
An Form und Duft mich freute jener Hand?
Warum verwahrt' ich euch so lange Zeit
Als Zeugen einsamer Beschaulichkeit?

Seid ihr als Boten mir zurückgeblieben
Von längst genossnem, längst vergangnem Lieben?
Sollt ihr mir Zeichen des Erinnerns sein?
Vergebens forsch ich, sinne nach — allein
Woher ihr kam't — ich finde keine Spur —
So seid ihr Zeichen des Vergessens nur.

DON JUAN.

Und wüsst' ich, dass ich jeden Kuss
Im Fegefeuer büssen muss,
Des Glückes flüchtige Minuten
Bezahlen muss mit ew'gen Gluten —
Mir ist das ganze Fegefeuer
Für Leib und Seele nicht zu theuer,
Ich hab' kein müssiges Begehren
Nach Himmelslohn,
Und will mich nicht in Glut verzehren
Auf Erden schon!

SOMMERNACHT.

Liebende Pärchen,
Wohin ihr schaut;
Märchen um Märchen —
Jede ist Braut!
Jede in Ehren
Lässt sich begehren;
Hat sich die Welt
Gänzlich verkehrt?
Jede gewährt,
Keine verwehrt,
Wem sie gefällt!
Ist das ein Flüstern
Ist das ein Küssen!
Keusch oder lüstern —
Jede beflissen.
Mädchen, und du!
Lässt es dir Ruh?

BEKENNTNIS.

Du blickst mich scheu verwundert an,
Weil ich an Gott nicht glauben kann.
An Gott, den doch dein fromm Gemüth
Im All so wie im Kleinsten sieht.
Und wie beredt dein Purpurmund
Gibt deinen frommen Sinn mir kund
Und dringlich Gottes Wort mich lehrt —
Da fühl' ich mächtig mich bekehrt,
Zu deinen Füssen sink ich hin,
Gestehe, dass ich gläubig bin,
In deine weisse Hand empfehle
Ich voller Demut Leib und Seele.

DIE LINDEN SIND IM BLÜHEN.

Die Linden sind im Blühen,
Die Rosen auch sind schon erwacht,
Mein Herz, das ist im Glühen —
Kam alles über Nacht.

Das ist ein duftig Wehen,
Ein Schmeicheln in der warmen Luft!
Und meine Grüsse gehen
Erfüllt von all dem Duft.

Sie wissen dich zu finden,
Sie grüssen dich und küssen dich —
In Rosen, unter Linden,
Geliebte, denk an mich.

MEIN.

Sie kamen von der Mittagspromenade,
Erzählten mir, dass sie auch dich getroffen,
Und huben an, nach Frauenart zu schildern,
Wie deine Kleidung, wie du ausgesehen.
Der hohe Hut, nach neuestem Modell,
Die braune Jacke einfach, elegant,
Der leichte Gang, die zierliche Gestalt;
Zu blass die Wangen — nein, so grade recht!
So schön wie sonst! Nein, gestern warst du schöner! —
So stritten sie doch nur, um dich zu loben.
Ich aber hörte glückvoll schweigend zu
Und freute mich, je mehr sie dich erhoben
In des Besitzes heimlich sichrer Ruh.

NACHT.

Nun wich des Tages dumpfe Schwüle,
Verblichen ist der letzte Strahl,
Es schwebt die Nacht in ihrer Kühle
Erquickend himmelab zu Thal.

Der Mutter Herz ist voll Erbarmen,
O selige, sichre, letzte Rast!
So hält die Nacht mit weichen Armen
Ihr Kind, die Erde, still umfasst.

Nur ich bin wach und muss mich regen
Bei meiner Lampe mattem Schein —
Gib, Mutter Nacht, mir deinen Segen
Und hülle mich, den Müden, ein.

SPÄTSOMMER.

Schon neigt der Sommer sich zu Ende
Und rings entfärbt sich das Gelände,
Verflogen ist der Blütenduft,
Und Baum und Strauch in kühler Luft
Umspinnen, leicht vom Wind gehoben,
Die Fäden, wie aus Schnee gewoben.
Die Sonne noch, die sinnt und schafft,
Es reift die Frucht, es quillt der Saft
In ihrer Gluten mildem Schein,
Und in der Beere kocht der Wein.
Auf welken Blättern schreit' ich einsam
Und denk' der Zeit, da wir gemeinsam,
Getragen von der Liebe Schwingen,
Im Glanz des Lenzes uns ergiengen.
War das ein Werden, Wachsen, Blüh'n!
War das ein Suchen, Sehnen, Glüh'n!
Spätsommer nun. Die Früchte reifen,
Und an mein Herz die Fragen greifen:
Was wird einst unsres Frühlings Erbe?
Wird einst in uns auch süss das Herbe?
Wird unsre Liebe, gleich dem Wein,
Aus gährend trübem Most noch rein?
Wird sie in Monden — ach! in Jahren
Noch Duft und Kraft genug bewahren?
Ob uns als Frucht dereinst erquickt,
Was uns als Blüte hat entzückt?

UNSAGBAR.

O ihr längstverflossnen Stunden,
Die ich lebte froh und bang!
Was nur je mein Herz empfunden
Lebt' ich wieder im Gesang.

Süssen Rausch voll Lust und Lärmen,
Schweigen, süsser als der Rausch,
Doppelglück und einsam Härmen
Gab ich für ein Lied in Tausch.

Doch wohin, ihr Melodieen,
Die mich einst so ganz erfüllt,
Meine Lieder, wollt ihr fliehen,
Die ihr sonst mein Herz enthüllt?

Ihr verstummt, ihr könnt nicht sagen,
Was mir jetzt die Brust durchzieht, —
Kleine Freuden, eitle Klagen
Finden Worte, werden Lied.

Mit dem Sturmwind um die Wette
Braust mein wildempörtes Blut,
Wie ein Strom in tiefem Bette
Rauscht in mir des Lebens Flut.

Wie des Himmels Strahlenfeuer
Glüht mein Herz im engen Haus —
Nein, das spricht sich mit der Leier,
Sich im Liede nimmer aus!

„ES WAREN ZWEI KÖNIGSKINDER..."

Dem Röslein gleich im Blumentöpfchen,
So sitzt die Jungfrau festgebannt.
Sie seufzet bang. Das blasse Köpfchen
Neigt sich, gestützt von schmaler Hand.

Doch plötzlich hebt sich mit dem Mieder
Ihr scharfgeschnittenes Profil,
Denn wagend naht der Jüngling wieder,
Den nie sein Wagen führt zum Ziel.

Und mit dem Blicke s e i n e r Augen,
Der hoffnungslos zu wagen klagt,
Will sich i h r Blick zusammensaugen,
Der, was sie fühlt, zu sagen wagt.

Ach, würde doch der Tag erscheinen,
Da ich mit d i r enteilen dürft'!
So sagt ihr Aug', das an dem seinen
In flüchtigem Verweilen schlürft.

Jedoch in s e i n e s Auges Blitzen
Die Worte klar zu lesen sind:
Ach könnt' ich doch geruhig sitzen
An deiner Seite, süsses Kind!

So wiederholt sich oftmals täglich
Des Glückes kurzer Flammenschein;
Die beiden lieben sich unsäglich
Und können nie beisammen sein!

Auf des Geschicks ruchloses Treiben
Wirft dieses Lied ein scharfes Licht:
Die Jungfrau will nicht sitzen bleiben —
Der Jüngling will's — und darf es nicht!

Wie Ahasver, der Wander-Jude,
So muss er schweifen hin und her.
O Jungfrau in der Tabaksbude!
O armer Tramway-Conducteur!

DER VOGEL STORREBEIN.

Nein, nein, Herr Vogel Storrebein,
Ich mach' nicht auf, es kann nicht sein!
Verschont uns endlich, denn wir haben
Genug bereits von Euern Gaben,
Die Zeit ist schwer, knapp ist das Brod,
Fast leiden wir schon selber Noth!

Da schnarrt der Vogel Storrebein:
Was Ihr da sagt, das ist nicht fein.
Ich bring' bloss eine Ansichtsendung,
Habt Ihr für diese nicht Verwendung,
So nehm' ich das gelung'ne Stück
Ganz ohne weiters gern zurück!

Voll Neugier öffnet ihm die Frau —
Und aus des Kindes Augen blau
Geht ihr ins Herz ein froher Schimmer:
Ei, schön Willkomm, dich lass' ich nimmer!
Herr Storrebein, der dieses sah:
Der schnarrte nur: „Ich wusst' es ja!"

PROSA.

Wie man auf Abwege geräth.

Es schmerzt mich tief, nicht mit einer farbenprächtigen Schilderung beginnen zu können. Aber es geht durchaus nicht. Allerdings, wenn ich die Wahl gehabt hätte, würde ich meine Geschichte tausendmal lieber an die Ufer des Ganges, oder in die unabsehbare Prairie verlegt haben, als in die kleine Liliengasse, und hätte schwelgen können in den sattesten Tönen, um Erde, Luft und Wasser zu malen.

Für ein Gericht Linsen (die ich ohnehin nicht mag) verkaufe ich den Vortheil, dass ich die Liliengasse so genau kenne, wie meine Tasche; denn ich weiss nur zu genau, dass ich in allen beiden selten etwas Wertvolles finde.

Ach, der Ganges wäre zu schön gewesen!

Auch die Zeit der Handlung ist mir gar nicht recht. In meinem Schreibtisch liegt nämlich seit Monaten ein verstaubter herrlicher Frühlingsmorgen, dann ein angebrochener stimmungsvoller Herbstabend, eine furchtbar lange Winternacht und ein glühender Sommertag, bei dessen Lectüre jedem schwül geworden wäre. Ich glaubte damit gegen jeden Zufall gewappnet zu sein, und den novellistischen Unbilden der kommenden Jahreszeiten ruhig entgegensehen zu können. Statt dessen stehe ich jetzt um fünf Uhr früh ganz unvorbereitet an einem kalten Sommermorgen, den ich infolge dessen ignoriere, im Schlafzimmer des Herrn Wengler, in welchem die allernothwendigsten Requisiten zu einer poetischen Beschreibung fehlen. Kein Bächlein murmelt in der Nähe, keine Nachtigall singt, keine Grille zirpt dort, keine bunten Libellen flattern von Lotosblume zu Lotosblume, keine balsamischen Lüfte — ach, am Ganges wäre die Luft gewiss viel schöner gewesen! Ich würde dem allen entschieden ausgewichen sein, wenn mich nicht ein überaus seltsames Begebnis, welches dort seinen Anfang nahm, derart ergriffen hätte, dass... Aber ich will die Wirkung im Vorhinein nicht abschwächen, sondern die Thatsachen für sich sprechen lassen.

Herr Wengler schlief noch an jenem denkwürdigen Morgen; allerdings äusserst unruhig. Er warf sich so hin und her, dass er auf einem transatlantischen Dampfer während eines Sturmes ein ruhigeres Dasein hätte führen können. In der allernächsten Umgebung seines Bettes sah es sehr wüst aus, nur war da bereits die Ruhe nach dem Sturme eingetreten, und alle Anzeichen liessen darauf schliessen, dass die allerjüngste Vergangenheit des Herrn Wengler ausserordentlich bewegt gewesen sein musste. Seine Kleider lagen in einem bedauernswürdigen Zustande auf den Dielen umher; dazwischen die Ueberreste eines Hutes, die Trümmer eines Stockes, zwei Taschenuhren mit schweren Ketten, zwei Portefeuilles, Schlüssel und sonstige Kleinigkeiten, alles beschmutzt, zerdrückt und ohne Sinn für Ordnung und Symmetrie auf dem Fussboden verstreut.

Da es mir bekannt ist, dass Herr Wengler in weniger als fünf Minuten erwachen wird, könnte ich die kurze Zeit benützen, um meinen Helden zu schildern. Aber welche interessanten Eigenschaften soll ich einem Junggesellen andichten, der die erste Jugend längst hinter sich und eine zweite nie gehabt hat? Schön sah er gerade auch nicht aus, und als er sich gar im Bette aufsetzte, und mit gläsernen Augen verstört umherblickte, war er gar nicht verführerisch. Sein Gehirn schien langsam die üblichen Functionen wieder aufzunehmen, und er hielt ungefähr folgendes Selbstgespräch, dessen sich selbst in einem Vorstadttheater kein Held eines antiquirten Volksstückes hätte schämen müssen: „Wo bin ich denn eigentlich? Richtig, zu Hause in meinem Bette! Aber, wie bin ich dahin gekommen, und woher stammt das Angstgefühl, das mich nicht schlafen lässt? Aha, jetzt erinnere ich mich; heute ist der wichtige Tag erschienen, der Wendepunkt meines ganzen Lebens: Gestern abends habe ich ja meinen Freunden den grossen Schmaus gegeben, nobel, wie es sich für mich ziemt. Na, und lustig ist es gewesen, erst die schönen Reden, die man an mich gerichtet, dann die glänzenden Antworten, die ich unter grossem

Jubel gesprochen, dann die donnernden Hoch, und dann ... Ja, was ist denn dann geschehen? Irgend ein Misston muss in die Gesellschaft gerathen sein, aber welcher? Hier klafft eine Lücke in meinem Gedächtnis. Daher stammt wohl dieses dumme Angstgefühl, oder war das ein Traum? Dieses Wortgefecht auf der Strasse und die am Boden liegende Gestalt, auf der eine zweite kniete! War es Wirklichkeit? Irgend etwas ist sicher vorgefallen. Ich muss scharf nachdenken!"

Und Herr Wengler that so, als ob er angestrengt nachdächte. Aber sein Kopf, sein Kopf, der schmerzte so ungewöhnlich, dass er es nicht lange aushielt. Das konnte gut werden. Gerade heute, wo er alle fünf Sinne beisammen haben musste. — Er wollte aus dem Bette springen, aber alle Glieder versagten eigensinnig den Dienst, und so begnügte er sich damit, langsam herauszukriechen, und humpelte zum Spiegel. Himmel, war das sein Gesicht, das seine Nase, das seine Stirne? Diese blutunterlaufenen Augen die seinigen? Und was waren das für dunkle Flecken in seinem Gesichte? Rasch zum Waschtisch! Da erblickte er seine Hände. War das nicht Blut? Wo hatte er sich denn beschädigt? Er wusch sich sorgfältig und untersuchte liebevoll den ganzen Körper; aber da war auch nicht der kleinste Hautritz zu finden. Sollte er etwa Nasenbluten gehabt haben? Das wäre das erstemal gewesen, und dann müssten ja auch sein Taschentuch und seine Kleider blutig sein. Er kauerte sich zu seinen Habseligkeiten auf den Boden, und wie er Stück für Stück derselben in die Hand nahm und sie hin und her wendete, wurde sein Gesicht fahl und fahler. Seine Glieder begannen zu schlottern, das ganze Zimmer drehte sich im Kreis um ihn herum, bis er schliesslich starr vor Entsetzen, unfähig einen weiteren Gedanken zu fassen, wie bewusstlos mit einem dumpfen Aufschrei an den Rand seines Bettes hinsank. Was hatte er gefunden? Dass seine Kleider zerrissen und beschmutzt, dass sie nicht nur vorn, sondern auch hinten voll mit Blut waren, hatte ihn noch nicht so erschüttert, aber neben seiner Uhr fand er eine zweite mit goldener Kette, deren Provenienz ihm vollkommen fremd war, und neben seiner Brieftasche ebenso eine andere, die er nicht kannte, die nicht sein eigen war, und in welcher er beim ersten Anblick mehrere tausend Gulden gefunden hatte. Das also war seine dumpfe Ahnung gewesen! Das war sein Angstgefühl, das ihn gelähmt! Das war der Traum, der nun zur Wirklichkeit wurde, das waren die Blutspuren und die unerklärlichen Merkmale in seinem Gesichte! Er hatte ein Verbrechen begangen, aber welches und wo? Das wusste er nicht; er gestand sich ein, dass er schwer berauscht gewesen. Aber „mildernde Umstände" waren ein schwacher Trost in diesem Augenblicke; das Bewusstsein der dunkeln That drohte ihm die Brust einzuschnüren. Er glaubte, ersticken zu müssen, und wankte unbekümmert um das tiefe Negligée, in welchem er sich befand, ans Fenster, das er rasch aufstiess.

Ach, wie gut that die frische Luft! Er lehnte sich weit hinaus und konnte jetzt etwas ruhiger denken. Waren das nicht tolle Hirngespinnste, war denn so etwas möglich bei seinem Temperament, bei seinem Naturell? Wenn nur die Anzeichen nicht so unwiderleglich zusammenträfen und wenn er sich nur erinnern könnte, wie er nachhause gekommen! Sonst begleitete ihn immer einer seiner Freunde.....

Ein Einfall! Natürlich, das war es — und nicht gleich darauf zu verfallen; gewiss, die lustigen Brüder hatten wieder einmal einen ihrer schlechten Witze inscenirt, um ihn gehörig aufsitzen zu lassen. Eine gewaltige Erleichterung überkam sein bedrücktes Gemüth, die Schrecken, welche ihm für die nächste Zukunft vorgeschwebt, verschwanden auf einmal, und die Freude über seine wiedergewonnene Unschuld, dieser Umschwung in seinem Innern kam so plötzlich, dass ihn ein Lachkrampf befiel, der in der stillen Gasse laut widerhallte. Der einsame Strassenkehrer, welcher soeben unten seine Thätigkeit begonnen, blickte verwundert herauf und grüsste ehrerbietig, als er Herrn Wengler am Fenster erblickte. Das brachte diesen auf andere Gedanken.

Er sah zu, wie der Mann mit dem hakenbewaffneten Ende seines Besenstieles sorgfältig alle überflüssigen Bestandtheile aus den Pflastersteinfugen herauskratzte, sich jeden Augenblick bückte und die wertvollsten Funde in die anscheinend unergründlichen Taschen seines langmächtigen schwarzen Kaiserrockes steckte, der wohl einst bessere Leute gesehen hatte. Herr Wengler kannte den Mann. Er traf ihn ziemlich oft in seiner Rasierstube. Das erstemal hatte er dort verwundert einen fragenden Blick auf die fragwürdige Gestalt geworfen. Nicht als ob er von dem Inhaber des

Etablissements eine entschuldigende Aufklärung über die Anwesenheit des zerlumpten Kerls verlangt hätte; die traditionelle Höflichkeit der Raseure ist ebenso abgethan, wie die 48er Ideen. Nein, er wollte damit nur seiner Neugierde Ausdruck geben, und die befriedigte auch der nach neuer Mode grob übertünchte Barbier. Der Strassenkehrer füllte die gefährliche Stellung eines Rasier-Versuchskaninchens beim jüngsten Angestellten der Firma aus, der seine sonstige freie Zeit dazu benützte, die übrigen Gäste „gründlich" einzuseifen.

Unter „gründlich" meinte er, er müsse deren Kinnbacken so herumschleudern, als ob er Stiefel wichsen würde, wobei überdies das Kinn die Bürste und seine Hand den Stiefel vorstellten. Durch diese „Gründlichkeit" ersparte allerdings sein Chef nach und nach sämmtliche Journal-Abonnements, da jedem Gaste das Zeitungsblatt derart vor den Augen herumtanzte, dass er in den ersten zehn Minuten nicht einmal feststellen konnte, ob er es gerade oder verkehrt in der Hand halte. Ein Gast erklärte, dass er von dieser starken Bewegung in Verbindung mit dem Geschmack der Seife, die ihm der Jüngling in den Mund schmiere, beinahe seekrank werde. Da nun dieser Gast zu seinem Unglück Abonnent war, so meinte der Chef dieser Verschönerungsanstalt, dass er bei sechzehnmaligem Rasieren für einen Gulden ö. W. keinen Schmettenschlagobers beistellen könne, und er gebe solchen anspruchsvollen Gourmands nur den wohlgemeinten Rath, sich von nun an in einer Conditorei rasieren zu lassen.

Unser Strassenkehrer nun gehörte durchaus

nicht zu den Anspruchsvollen, denn er rangierte, so undenkbar es auch ist, noch eine Stufe niedriger als die Abonnenten. Er wurde nämlich nicht aus Gewinnsucht, sondern bloss aus Liebe rasiert. Auf seinem Gesichte hatte der kleine Anton die ersten schüchternen Schnittversuche gemacht, und wenn auch ein leises Zittern durch die Stoppeln der angstdurchfurchten Wangen fuhr, so hielt der Mann mit bewunderungswürdigem Stoicismus stand. Es konnte ihn nicht beeinflussen, dass seine Collegen von der Strasse ihm infolge seines englisch bepflasterten Gesichtes den Spitznamen „Corpsstudent" gegeben hatten. Er kam regelmässig wieder, und zwischen ihm und Anton hatte sich mit der Zeit ein rührendes Verhältnis, wie zwischen Lehrer und Schüler herausgebildet. Er war glücklich, seinem kleinen Peiniger unter Thränen lächelnd zuflüstern zu können: „Anton, es schmerzt mich!" Sein Erziehungsgrad liess allerdings nicht darauf schliessen, dass er je etwas von Arria und Messalina gehört.

Ein Freudenfest war es, wenn Anton ihm die Haare schneiden durfte, und damit sie sich dasselbe recht oft bereiten könnten, geizte Anton mit jedem Millimeter derselben. Wie jener Zoophile den Schwanz seines Hundes, schnitt Anton jedesmal bloss ein ganz kleines Endchen ab und schnitt und schnitt solange, bis nur Millionen kleiner schwarzer Pünktchen auf weiss schimmernder Fläche jene Stellen bezeichneten, wo in künftigen Tagen sich die Haare wieder ans Tageslicht wagen würden. Das war die haarlose, die schreckliche Zeit, in welcher der Strassenkehrer mit bedrücktem Gemüthe und schlechtem Gewissen umherschlich und sich Vorwürfe machte, dass seine Kopfhaut ein so schlechter Boden sei für die Lernthätigkeit des kleinen Schnitters. Er hätte sich die Haare raufen können.

Eben machte er auf der Strasse wieder eine Pause in seiner „aufreibenden" Thätigkeit, nahm den Hut ab und fuhr tastend mit der flachen Hand über seinen kahlen Schädel, ein freudiger Schimmer glitt über sein Gesicht, er glaubte zu fühlen, dass die Haare über Nacht bedeutend gewachsen seien und beschloss sofort, dem guten Jungen heute eine kleine Freude zu bereiten. Dem aufmerksam beobachtenden Herrn Wengler war auch diese Geste nicht entgangen, er ahnte, was in der Seele des Mannes vorgieng, und da er selbst ein weiches Gemüth besass, begann er sofort im Geiste seine überflüssige Garderobe Revue passiren zu lassen. Er war eben bei einer glänzenden Hose und einem Ueberzieher angelangt, der erst einmal gewendet war, als er durch das Auftreten einer neuen Person plötzlich aus seinen alten Kleidern herausgerissen wurde. Ein Polizeimann bog mit raschem Amtsschritte um die Ecke, blieb vor dem Hause des Herrn Wengler stehen und zog die Glocke; dieser erschrak so furchtbar, dass ihm der Pulsschlag ausblieb. Also doch! Er hatte sich nur belogen und sein Gewissen einschläfern wollen mit jenem Gedanken, dass alles nur ein Scherz war. Die Unwahrscheinlichkeit wurde ihm plötzlich sonnenklar, jetzt konnte er nicht mehr zweifeln an dem Ernste seiner Lage, denn dieser ungewöhnliche Besuch am frühen Morgen konnte nur ihm gelten, ihm, dem

Verbrecher. Nun hiess es rasch handeln, um sich zu retten. Aber er war so verwirrt, dass ihm kein einziger Einfall kam: „Fassung, Fassung!" rief er sich ermuthigend zu. Nur noch wenige Minuten blieben ihm; denn schon würde der Hausmeister geöffnet haben . . .

Trotz der schrecklichen Situation, in welcher er sich befand, wurde er plötzlich ruhiger, als er bei diesem Punkte seines Gedankengangs angelangt war. Nein, er konnte sich noch etwas Zeit lassen. Sein Hausmeister und rasch öffnen? Den kannte er besser aus jahrelanger Praxis; und gar früh um 5 Uhr! Das ganze Nachtleben dieses geplagten Mannes zog an seiner Seele vorüber.

Gewiss hatte der Hausmeister mit Hilfe einiger, seiner Frau verheimlichter Sperrsechserl abends ein paar Stehseidel getrunken und dann pünktlich zehn Minuten vor der Sperrstunde das Hausthor geschlossen. Die Stiegenbeleuchtung hatte er wie gewöhnlich abzulöschen erspart, weil er gar nicht angezündet. Dann hatte er sich niedergelegt und war sofort eingeschlafen. Unter der Bettdecke ist es so warm und traulich, und die Luft ist so angenehm dick in dem kleinen Raume unter dem Stiegenhause, der bei Tag Speiszimmer, Wohnzimmer, Werkstatt und Küche, und bei Nacht das Schlafgemach für ihn, seine Frau und die drei kleinen Kinder bildet, und nun träumt er sogar von einer Landpartie, die für morgen verabredet ist; denn morgen ist Sonntag. Die beiden feschen Dienstmädchen aus dem ersten Stock hatten „Ausgang" und wollten mit ihm, dem Selchergehilfen und dem

Raseur aufs Land hinaus. Seine Frau musste natürlich zurückbleiben, um das Haus zu hüten. Das war lustig! Auf dem Bahnhof war zwar ein riesiges Gedränge, und die Hitze so enorm in dem überfüllten Coupé, dass er beim ersten Läuten schon seinen Rock ablegen musste; natürlich hatte er die hübschen kichernden Mädchen zuerst um Erlaubnis gefragt. Jetzt ertönte das zweite Läuten. Der Raseur konnte das famos nachahmen, denn er hatte merkwürdigerweise die glänzend goldene Barbierschüssel mitgenommen, welche sonst über seinem Laden hieng, und die erklang abwechselnd, wie alle möglichen Glocken, je nachdem, womit man darauf schlug; es war sehr amusant. Endlich nach dem dritten Läuten setzte sich der Zug unter allgemeinem Jubel in Bewegung, nur einige Kinder schrieen und weinten, wie gewöhnlich, vor Angst. Aber was war denn das? Es läutete schon wieder, aber diesmal ohne Unterbrechung. Das war ein Nothsignal. Er hörte das Bremsen, es gab ein Unglück! Heraus aus dem Coupéfenster, und wäre es auch ein Todessprung! – Und so steht er plötzlich mitten im Zimmer vor seinem Bette und sieht gar nicht aufgeweckt aus. Er hört seine Kinder weinen, die Frau schnarchen (also das war das Bremsen!), und zwischendurch schmettert unaufhörlich die Glocke.

Langsam kommt der Hausmeister in ihm zur Besinnung. Wo sind denn die Streichhölzchen? Rasch Licht gemacht, einen Rock umgeworfen und hinaus. Er erinnert sich noch rechtzeitig, dass er den Hausschlüssel vergessen, und während dessen reisst der da draussen unaufhörlich an der Glocke, bis er den Krampf in den Fingern bekommt. Ein Sturzbad von Vorwürfen ergiesst sich aus dem geöffneten Thore über den verschlafenen, faulen Hausmeister, ohne diesen im geringsten zu rühren. Er nimmt unfreundlich dankend den Obolus und erklärt aufs entschiedenste, dass der Herr unmöglich bereits eine Stunde läuten könne, da er es soeben erst gehört habe. Verdrossen leuchtet er dem späten Ankömmling mit dem flackernden Lichte noch einige Stufen hinauf und legt sich dann fluchend wieder ins Bett. Aber der schöne Traum ist weg, und daran sind wieder diese rücksichtslosen Nachtbummler schuld. Es soll nur jetzt noch einer kommen, den wird er warten lassen bis übermorgen!

Gott verzeih' mir diese Sünde, — wie so manche andere — aber ich hasse dieses Hausmeistervolk aus innerster Seele. Wer, wie ich, verdammt war, ein halbes Menschenalter hindurch jeden Tag spät abends, und manchen Abend früh bei Tag nachhause zu kommen, der begreift mein Martyrium. „Wer nie in eisig kalten Nächten vor seiner Hausthür klappernd stand, der kennt Euch nicht hausmeisterliche Mächte!"

Ich hielt es lange Zeit für ein vorzügliches Mittel, meinem Cerberus in Gedanken eine Extraprämie zu versprechen, wenn ich bei der Hausthüre angekommen war. Gedanke beim ersten und zweiten Läuten: „Wenn er jetzt gleich kommt, gebe ich ihm 30 Kreuzer." Gedanke beim dritten- und viertenmal: „Er lässt mich zwar wiederum warten, aber wenn er sofort aufmacht, erhält er 20 Kreuzer." Die Gedanken, welche ich vom fünften Läuten aufwärts hatte, will ich lieber verschweigen. Genug daran, dass noch kein Hausmeister meine Extraprämie errang. Eine andere meiner Gewohnheiten ist die, dass ich sofort beim ersten Läuten meine famose Rennuhr einstelle, um die Zeit zu messen. Ich gewann sie einmal bei einem Preiskegelschieben, und dies ist ihre einzige Verwendung; denn ich wollte mir der Uhr zulieb nicht einen Rennstall anlegen. Der schnellste Record, den ich so mit einem Hausmeister erzielte, war 16 Minuten 45 Secunden, und den verdanke ich nur dem Umstande, dass dieser Champion den ersten Tag seines Amtes waltete und überdies erst nachmittags geheiratet hatte. Die schlechteste Zeit hingegen machte ich einmal mit 7 Stunden 42 Minuten und 6 Secunden; und das war so gekommen.

Ein Freund, welcher abreiste, gab uns ein Abschiedssouper. Nein, er reiste nicht, er kam an, oder irre ich mich? Mir scheint, er verheiratete sich, oder er hatte seine Schwiegermutter verloren. Ich kann mich augenblicklich nicht erinnern, aber es war irgend ein freudiger Anlass. Da sehr viel Reden gehalten wurden, trennten wir uns erst lange nach Mitternacht. Ich war noch sehr traurig über den Abschied von diesem guten Freunde, oder war ich in sehr freudiger Laune, weil er angekommen, kurz ich gieng in einer von diesen Stimmungen nachhause, zog die Glocke und stellte gewohnheitsmässig meine Stoppuhr. Da ich wusste, dass nunmehr längere Zeit verstreichen werde, und ich überdies in jener Stimmung war, setzte ich mich gedankenvoll auf den Prellstein und erwachte aus meinen Gedanken erst, als auf meiner Uhr bereits drei viertel Stunden verflossen waren. Ich begann ärgerlich zu werden und gab meinem Hausmeister in immer kleiner werdenden Intervallen alle Chancen, mir zu öffnen, aber dieser Herr benützte keine derselben. ·Nachdem meine Uhr bereits 1 Stunde und 25 Minuten gelaufen war, wurde es mir trotz meiner oberwähnten Stimmung ganz klar, dass ich diesmal auf dem gewöhnlichen Wege nicht in das Haus gelangen würde. Ich schaute mich auf dem menschenleeren Platze um. Nicht als ob ich Furcht gehabt hätte, Gott bewahre, die kenne ich überhaupt nicht, das heisst, ich will nicht übertreiben und zugeben, dass auch ich mich unter gewissen Umständen fürchten kann. Wenn ich z. B. auf einem vollkommen leeren Pferdebahnwagen stehe, so fürchte ich mich vor gewissen Leuten, weil ich ahne, dass sie mir auf die Füsse treten werden, wenn sie auch noch so viel und bequem Platz haben; wenn ich mit Herrn Prantscher tarockire, so bricht mir kalter Schweiss aus, weil die Erfahrung mich gelehrt hat, dass er mit rührender Consequenz stets die unrichtige Karte ausspielt; wenn auf einer Kahnpartie, wo wir acht Personen (darunter fünf Damen) in ein Boot gestiegen sind, in welchem von rechtswegen nur drei Platz haben, Theodor es durchgesetzt hat, uns zu „rudern", so ziehe ich mir leise unbemerkt unter der Bank die Stiefel aus und flüstere meiner Liebsten zu, dasselbe zu thun; und wenn ich mit meinem guten Freunde Karl angeln gehe, so suche ich ihm einen schönen Platz aus und gehe auf ein bis zwei Meilen stromauf- oder abwärts, damit er mir nicht beim Herumschleudern seiner Ruthe den Angelhaken in die Oberlippe bohrt. (Aus dem Schmerze würde ich mir ja nichts machen, aber mir schmecken rohe Regenwürmer auf nüchternen Magen absolut nicht.) Also ein gewisser Grad von Furcht ist bei jedem Menschen gerechtfertigt, und ich will zugeben, dass es bei vielen Geschmackssache ist, wovor sie zittern. Offen gesagt, habe ich selbst die grösste Angst vor Droschkenpferden.

Die meisten Leute glauben nämlich den Charakter dieser Thiere gut zu kennen. Aber wenn die Unglücklichen wüssten, dass sie diese ihre Wissenschaft eigentlich nur den illustrierten Witzblättern verdanken! Ich kenne sie viel besser. Man steigt in einen solchen Kahn auf Rädern, vor welchem ein schwermüthiges Thier seinen Kopf hängen lässt, und glaubt, dieses könnte kaum bis drei zählen und müsste dann umfallen. Welch ein Irrthum! Während man sich noch freut, dass es dem Kutscher gelungen ist, das Pferd in Gang zu bringen, kommt da regelmässig ein ganz winziges Hündchen, läuft ihm vor die Füsse und bellt in den allerhöchsten Tönen. Nun ist heutzutage jedes Droschkenpferd nervös, wie alle, die viel Zeit haben, über sich selbst nachzudenken, und es wird durch das endlose Gebelfer des Hündchens immer aufgeregter. Schliesslich vergisst es die Gangart, welche es seinem Standplatze schuldig ist und geht durch. (Diese Metapher habe ich von einem Vollbluthengst.) Nun hat der Passagier zwei Wege offen. Setzen wir den Fall, es gelingt ihm, den Wagenschlag aufzumachen, — was ich bezweifle, da dieser Kunstgriff stets ein

Geheimnis des Wageneigenthümers ist, — so wird er herausspringen. In diesem Fall werden ihm bloss die Beine überfahren und er wird auf die Rettungsstation geschafft, wo sich ein junger, sehr ehrgeiziger Arzt sofort daran macht, dieselben abzusägen, „damit kein Brand eintrete".

Oder der Fahrgast springt nicht heraus, was stets das richtigere ist, und wartet „ruhig" ab, bis das Pferd um die nächste Ecke rast. Vermöge der Centrifugalkraft und des Trägheitsgesetzes (Unkenntnis des Gesetzes schützt nicht) wird dann seine irdische Hülle aus dem Wagen geschleudert. Ist er ein Sonntagskind, so fällt er auf irgend einen nachgiebigen Gegenstand, z. B. auf eine promenierende Dame, oder einen bereitwilligen Dienstmann, oder in ein Schaufenster und kommt mit dem blossen Schrecken der Dame, des Dienstmannes oder des Geschäftsmanns, in dessen Laden er auf diesem ungewöhnlichen Wege tritt, davon. Ist er jedoch an allen anderen Tagen der Woche zur Welt gekommen, so findet er auf seiner Flugbahn irgend ein Hindernis, welches er wegen der ihm innewohnenden schwachen Percussionskraft nicht zu durchdringen vermag. Dann geht es ihm, wie im ersten Falle. Er wird wieder auf die Rettungsstation geschafft, wo sich derselbe junge, sehr ehrgeizige Arzt sofort daranmacht, ihm jedes beliebige lädierte Glied abzusägen. Ist er aber auf den Kopf gefallen, — der Passagier — so kann er von Glück sagen; denn mit dem Absägen dieses Körpertheils sind die Aerzte noch sehr vorsichtig, selbst auf die Gefahr hin, dass der Brand eintritt.

Aber das wollte ich eigentlich nicht erzählen, sondern nur ganz kurz andeuten, dass ich an jenem Abende, als ich in der wiederholt erwähnten Stimmung einsam vor der Hausthür stand, nicht etwa aus Furcht auf dem menschenleeren Platze umhersah; denn es wäre mir persönlich unangenehm, wenn in irgend einem oder dem andern Leser dieser blasse Furchtverdacht aufgestiegen wäre. Ich sah mich nur instinctiv nach Hilfe um. Bekanntlich sind sogenannte instinctive Handlungen immer derart beschaffen, dass sie diese thierische Parallele vertragen; denn wenn ich nur ein kleinwenig nachgedacht hätte, so würde ich mir gesagt haben, die Hoffnung, dass ein nächtlicher Passant kommen werde, der zufällig einen Hausschlüssel bei sich hätte, welcher wiederum zufällig mein Hausthor öffnet, qualificiere mich zu einem hochinteressanten Beobachtungsobject für einen hervorragenden Psychiater. (Man möge mir an dieser einzigen Stelle eine philosophische Betrachtung gestatten: Ja, ja, so sind wir Menschen!)

Aber wenn die Noth am höchsten etc. Ich bitte inständigst, hieraus nicht etwa die vorausgefasste Nutzanwendung zu ziehen, dass man sich auf dieses Sprichwort verlassen könne, sondern erst das Ende meines Abenteuers abzuwarten. Nachdem ich kein Mittel unversucht gelassen, die Aufmerksamkeit des Hausmeisters auf mich zu lenken, nachdem ich unter anderem an sämmtlichen Fensterscheiben des Souterrains, hinter welchen ich ihn vermuthete, solange geklopft, als sie es aushielten, verfiel ich in meiner Wuth auf ein verzweifeltes Mittel, welches allerdings nach meiner damaligen Ansicht selbst Todte aus dem ewigen Schlafe erwecken könnte. Ob jedermann eine klare Vorstellung von meinem Beginnen haben wird, wenn ich constatiere, dass ich einen afrikanischen Nationaltanz mit Gesang aufführte, weiss ich nicht. Ich weiss nur, dass ich vor jenem Souper ... jetzt erinnere ich mich: ein neues Stück meines Freundes war an jenem Abend aufgeführt worden, dem zu Ehren er das Fest veranstaltet hatte. Leider war es durchgefallen, was er gewiss bei Bestellung des Menus nicht geahnt. Um uns nun zu zeigen, wie wenig er sich aus dem Urtheil des Publicums mache — er nannte es nur die gehirnlose Masse — führte er uns einen grotesken Negertanz vor, den er angeblich am Aequator kennen gelernt und den ein ihm befreundeter Volksstamm aufführe, bevor er die feindlichen Schanzen stürme. Nebenbei gesagt, kam ich später dahinter, dass er in dem Irrthum befangen war, dieser Leibgürtel der Mutter Erde gehe mitten durch ein Café chantant, dessen Stammgast er gewesen. Der Tanz nun bestand aus einer Reihenfolge von Luftfusstritten, welche der Executierende nach allen Richtungen der Windrose hin austheilte und zwar genau nach dem Takt einer Furcht einflössenden, nennen wir sie Melodie, welche die merkwürdige Eigenschaft besitzt, dass man sie immer wieder vergisst, selbst wenn man sie zweihundertmal hintereinander gebrüllt hat. In jener Nacht benützte ich die soeben erworbenen Kenntnisse, indem ich diesen Gefechttanz, verbunden mit einer von mir substituierten Volksweise so anwandte, dass jeder damit verbundene Fusstritt donnernd in die Hausthüre dröhnte. Ich fühlte, dass etwas Berauschendes im Tanz lag, denn mein heiliger Zorn wuchs von Takt zu Takt, und jeder Tritt entflammte mich immer mehr und mehr; ich bemerkte daher insolange nicht, dass sich mir jemand genähert, bis dieser jemand mich von hinten fest beim Kragen gepackt hatte. Mich ihm zu entwinden und ungefähr aufs untere Ende seiner Speiseröhre, ohne im Tanz aufzuhören, mit der Spitze meines Stiefels einen momentan kräftigen Druck auszuüben, war das Werk eines halben Taktes meines Schlachtgesanges. Der Mann wurde sofort labil und verlegte seinen Schwerpunkt mit einer solchen Rapidität nach unten, dass seine Verticalachse, während er sie gegen die Horizontalachse vertauschte, mit laut hörbarem Schall gegen den Erdboden schlug. Im ersten Augenblick meinte ich, dass ihn dies sehr heiter gestimmt habe; denn er zog ein Pfeifchen heraus und blies andauernd darauf; bald aber wurde ich gewahr, dass dies leider eine falsche Auffassung von mir gewesen. Es kamen nämlich infolge des Pfeifens eilends zwei Männer herbeigerannt, denen es schliesslich, im Verein mit dem Wiederauferstandenen gelang, mich zu überreden, den Rest des „Abends" auf dem nächsten Polizeicommissariat zuzubringen. Da ich ohnehin die Hoffnung aufgegeben hatte, ins Haus zu gelangen, so war es mir auch ganz recht — billig war das Nachtlager allerdings nicht, wovon ich mich bei einer Reconnaissancevisite überzeugte, die ich einige Tage später dem Commissär abgestattet.

Am besten unterhielt sich über den Ausgang dieses Abenteuers meine Freundin Carola, als ich ihr am nächsten Tage die Geschichte erzählte, —

richtig, jetzt erinnere ich mich **ganz** genau, mit **ihr** hatte ich an jenem Abend soupiert. — So war es also gekommen, dass meine Sportuhr 7 Stunden 42 Minuten und 6 Secunden zeigte, ehe es mir gelungen war, ins Haus zu gelangen.

Man wird demnach meine Aversion gegen alles, was mit dem Namen Hausmeister zusammenhängt, begreifen, ebenso dass ein Mann von der Erfahrung des Herrn Wengler genau zu beurtheilen wusste, wie lange sein Hausmeister jemanden um fünf Uhr früh draussen warten lasse. Danach traf er also seine Massnahmen, nachdem er sich, soweit dies in seiner Todesangst möglich war, gefasst. Vor allem galt es, die corpora delictorum aus den Augen des Gesetzes zu schaffen. Die Gefahr machte den Mann sogar raffinirt. Nachdem er mit scharfem Blicke im Zimmer Umschau gehalten, packte er den blutgetränkten Rock und steckte ihn in die Höhlung einer grossen Meissner Vase, die Hosen verschwanden in einer Punschbowle aus Cuivre poli, die Strümpfe stopfte er, trotzdem sie gar nicht blutig waren, mit übertriebener Vorsicht in die silberne Zuckerdose, aus welcher er vorher den Zucker herausgeschüttet. Dann nahm er die fremde Uhr und die schwere Brieftasche, überlegte einen Moment, verliess aber sofort das Zimmer und gieng schnurstracks in ein kleines Gemach am Ende des Ganges. Als er dasselbe wieder verliess, athmete er tief auf — die beiden Gegenstände waren verschwunden. Ein triumphirendes Lächeln umschwebte sein Gesicht, als ob er sagen wollte: „Wenn die Polizei **das** finden will, muss sie eine feine Nase haben." Dann, um sich zu vergewissern, dass seine Mienen nicht eine Spur dessen verrathen würden, was in ihm vorgieng, trat er vor den Spiegel der Garderobenwand, die im Vorzimmer stand. Welch ein Glück, dass er dies noch gethan; denn an sein blutbeflecktes Hemd hätte er beinahe vergessen. Er riss es vom Leibe, dass es in Fetzen gieng und wiederum liess er es in jener Kammer verschwinden. Dann horchte er; aber er vernahm nichts, als das wilde Schlagen seines Herzens und das Klappern seiner Zähne. Letzteres kam allerdings nicht von der Furcht her, sondern von der Kälte, welche er in seiner Aufregung bis jetzt nicht gespürt. Er besann sich, dass er doch etwas mehr anhaben müsse und auf dem Wege in sein Zimmer erinnerte er sich, dass ja die Frau Marie (eigentlich Fräulein und ihres Standes Wirtschafterin) sämmtliche Schlüssel bei sich habe. Rasch eilte er zur Thüre ihres Schlafzimmers und klopfte an; einmal — zweimal: „Frau Marie, schnell öffnen Sie!" Seine Stimme hatte infolge der Aufregung einen heiseren, leidenschaftlichen Klang. Endlich vernahm er drin ein Geräusch. Die Minuten dünkten ihm unendlich. Höllenqualen der Angst, Schreckbilder der strafenden Gerechtigkeit, düstere Zukunftsahnungen durchquerten in hundertfachen Varianten seinen Kopf; nur ein Gedanke hatte in demselben Platz: „Rettung, Rettung um jeden Preis!"

Der Riegel wurde zurückgeschoben, die Thüre öffnete sich, und Fräulein Marie erschien, ihre irdische Hülle sorgfältig in ein grosses Umhängetuch verpackt, aus dem nur das Mittelding zwischen einem Tituskopf und einem Medusenhaupt herausragte; ihre Haare waren nämlich papillotiert. Ein ängstlich neugieriger Ausdruck lag auf ihren ledernen Zügen. Sie war heftig erschrocken über die noch nie dagewesene Aufforderung ihres Gebieters, den sie im Stillen verehrte, und dem etwas Bedenkliches zugestossen sein musste. Herr Wengler wiederum war von dem ungewohnten morgendlichen Bilde seiner Haushälterin, insbesondere von ihrer Haartracht so gefesselt, dass er eine Weile gar nicht bemerkte, welche Veränderung mit ihr vorgieng, als sie ihn erblickte. Wie Lots Frau zur Salzsäule wurde, als sie dort unten das flammende Sodom und Gomorrha sah, so versteinert stand Frau Marie da und liess vor Schreck das schützende Tuch fallen. War das der solide Herr Wengler, der heute — ? Und in dieser Aufregung und in diesem Aufzuge? Was wollte er von ihr? Eine kleine Blutwelle stieg ihr ins Gesicht, ohne allerdings imstande zu sein, durch die Wangen sichtbar zu werden, und es durchströmte sie ein beseligendes Gefühl, aber sie besann sich rechtzeitig, was sie ihrer Mädchenwürde schuldig sei. Allerdings war sie nicht rücksichtslos genug zurückzuspringen und die Thüre hinter sich zu verriegeln, sondern sie begnügte sich damit, einen langgezogenen Schrei auszustossen. Es war keiner jener entsetzlichen Töne, die, wie uns Forschungsreisende erzählen, Aehnlichkeit haben mit dem Todesangstschrei eines edlen Pferdes, das die Wölfe angefallen, oder einer Giraffe, auf deren Nacken ein Löwe gesprungen; es war nicht einmal einer jener kunstvollen Schreie, die sich auf ähnliche Weise mit dem

Namen der Frau Wolter verknüpft haben, wie beispielsweise der Name Girardi mit einer gewissen Hutfaçon. Nein, es klang eher wie der endlose schrille Pfiff eines Schleppdampfers, dem ein kleines Boot in den Weg gefahren, oder einer Lastzugslocomotive, die nicht in den Bahnhof einfahren kann und unaufhörlich Nothsignale gibt, weil sie ja genug Dampf hiezu zur Verfügung hat. Mit einem Worte, der Schrei hatte etwas fahrplanmässiges an sich. Nichtsdestoweniger machte er Herrn Wengler erbeben; denn nun war es ihm klar, dass er verloren war. An irgend einem äusseren Anzeichen musste die gute Person den Verbrecher in ihm erkannt haben. Schon hörte er Stimmen im Stiegenhause, die näher kamen, und das alberne Weibsbild schrie noch immer! Ein wahnsinniger Zorn stieg ihm zu Kopfe; er musste sie zum Schweigen bringen, stürzte auf das Frauenzimmer los und packte sie am Halse. Schreck und Glück lähmte ihr die Glieder; — sie leistete keinen Widerstand; 45 Jahre hatte sie vergebens auf solch einen Augenblick gewartet und hatte von ihm geträumt, Tag und Nacht.

Es liegt mir fern, das arme Mädchen lächerlich zu machen; der Irrthum, in welchem sie sich befand, war verzeihlich und leicht begreiflich. Man muss sich nur vorstellen, was Herr Wengler anhatte, als er die Thüre geöffnet. Keine Macht der Erde aber wäre imstande, mich zu bewegen, das zu schildern. Ich könnte mir zwar durch Umschreibungen darüber hinweghelfen, oder einfach alles das aufzählen, was er n i c h t anhatte, aber es würde viel zu viel Zeit in Anspruch nehmen, und ich liebe es nicht, durch langwierige Beschreibungen den Gang einer Handlung aufzuhalten. Es ist dies ein Fehler, den ich jedem Erzähler vor allem andern verüble. Und doch ist er so beliebt, dass man kaum ein Buch in die Hand nehmen kann, ohne ihm auf Schritt und Tritt zu begegnen, ohne unaufhörlich über diese Prügel, die einem der Autor in den Weg legt, zu stolpern. Die Schilderung der Scenerie, die decorative Malerei am Anfang einer Novelle will ich noch hingehen lassen. Sie ist meiner Ansicht nach unbedingt nöthig, um den Leser in Stimmung zu bringen, und diesen Zweck erfüllt sie selbst, wenn er sie **nicht** liest; denn er kann nicht umhin, sich durch einen flüchtigen Blick zu überzeugen, ob „die letzten goldenen Strahlen der Abendsonne soeben über die zitternden Halme huschen, der kühle Wind durch die kahlen Stoppeln streicht, oder ob der Regen unaufhörlich an die Scheiben klatscht".

Es ist das wie der Beginn jeder Unterhaltung, selbst der geistreichsten Leute: sie sprechen über das Wetter. Aber wenn die Handlung einmal in Fluss gekommen, will ich ohne überflüssigen Aufenthalt mit Schnellzugsgeschwindigkeit vorwärts geführt werden. Was gehen mich die Gedanken an, die der Autor sich oder seinen Personen macht. Ich will Thatsachen, aber keine Reflexionen. Die mache ich mir schon selbst, wenn ich gerade Lust und Zeit dazu habe. Leider stosse ich immer auf lauter Romane, in denen die brosamenweise gesammelten Weisheiten haufenweise beisammen liegen. Das ist aber noch lange nicht das Schlimmste.

Es gibt eine Menge von Schriftstellern, die absolut nicht bei der Stange bleiben können. Die Heerstrasse, welche sie uns führen wollen, das Ziel, welches sie uns gezeigt, ist ihnen lange nicht interessant genug. Da gibt es keinen Nebenweg, den sie nicht sofort einschlagen, mag er führen, wohin er will. Und das soll dann ein vernünftiger Mensch lesen. Wahrlich eine Zumuthung! Ob der Hauptfaden gerade dringend des Fortspinnens bedarf, ist ihnen vollkommen gleichgiltig. Das sind gewissenlose Leute, die ihren Helden, nachdem sie ihm heimtückisch alle Sympathien gewonnen, unbekümmert vierzig Seiten hindurch über einem zweitausend Fuss tiefen Abgrund hängen lassen und ihm nichts zum festhalten geben, als etwa einen Brombeerstrauch, dessen Wurzeln sie recht gelockert haben.

Und warum? Nur um uns irgend eine Anekdote, die sie oder einer ihrer Freunde (wir kennen diese Freunde!) erlebt haben wollen, mit selbstbewusster Breitspurigkeit zu erzählen. Man sieht ihnen ordentlich die Freude an, w i e hübsch sie das gemacht haben; als ob es uns überhaupt darauf ankäme, auf das Wie. Das W a s ist heutzutage die Hauptsache. Die Erfindung, die Verwicklung und die Lösung. Wir wollen rasch angeregt, gespannt und noch rascher befriedigt sein.

Deshalb weg mit diesen Wucherpflanzen, welche sich malerisch um den gesunden Stamm winden, ihn ganz verhüllen und uns über ihren wahren Wert durch die üppigen farbenprächtigen Blüten hinwegtäuschen wollen. Ich bin keiner derjenigen, die sich selbst belügen, und wenn ich jemals etwas wie eine Erzählung schreiben sollte, so wird es gehen „klipp! klapp!"; keine Abschweifungen, die ermüden, keine Betrachtungen, die langweilen; denn ich weiss nur zu genau, was es heisst: straffe Führung der Handlung. Und sollte ich mich je dabei ertappen, dass ich auf Abwege gerathen bin, so werde ich in demselben Momente die Feder aus der Hand legen, so wahr mir Gott helfe!

Gerecht?

Unter alten Papieren, die zusammen eine Art von Reisetagebuch bilden, finde ich mitten zwischen kurzen sachlichen Notizen zu meiner Verwunderung ein krauses, langwieriges Raisonnement, das mit einer schrillen Dissonanz abschliesst. Wo und wann sind mir auf Reisen, wo es so viel zu beobachten und zu merken gibt, solche Dinge eingefallen? Ich sinne nach, und langsam steigt mir in der Erinnerung eine Reisebegegnung herauf, von der ich hier in Kürze erzählen will.

Ich sass wieder einmal im Eisenbahncoupé, erlöst vom täglichen Arbeitsjoch und von den quälenden Actualitäten, die den Geist bald in diese, bald in jene Richtung zwingen, glaubte wieder einmal, die Welt gehöre mir nun zum eigensten Gebrauche, und machte im Rausche dieser Stimmung für die vier Wochen Freiheit, die mir bevorstanden, Pläne, zu deren Ausführung wohl ein Jahr erforderlich gewesen wäre. Ich fuhr gegen Norden, dem schönen Grenzgebiet des Landes zu und gedachte die erste Nacht der Urlaubszeit in dem stillen, reizenden O. zuzubringen, das dicht am mächtigen Strome und zu Füssen des Waldberges liegt. So unternehmend war ich lange nicht aufgelegt gewesen; ein heftiger, froher Drang, in der kurzen, mir gegönnten Zeit so viel als möglich zu erleben, machte das Herz rascher schlagen und beflügelte mir die Vorstellungen. Durch das geöffnete Coupéfenster betrachtete ich die vorübergleitenden Bilder, Wälder, Wiesen und Berge, Städtchen und Dörfer, ganz frei von ernsten und praktischen Gedanken, wie sie mich heute wohl in einem solchen Falle anzuwandeln pflegen, z. B. von den Erwägungen, wie etwa die Menschen da leben und auskommen mögen, wie für sie gesorgt ist und wie sie für sich selbst sorgen — ganz erfüllt von der egoistischen Vorstellung, wo ich mein Zelt aufschlagen oder herumschwärmen könnte und ob mir nicht da und dort ein ganz ungeahntes Wohlsein oder ein köstlich stilles Behagen vergönnt wäre. So versetzte ich mich in manches Häuschen am Wald oder auf dem Berge, oder gesellte mich ab und zu im Geiste dem Fusswanderer bei, der mir just recht vergnügt auf einer schattigen Strasse einherzuschlendern schien. Auf meine Reisegesellschaft achtete ich unter solchen Umständen sehr wenig — das kam ja mit mir aus dem Orte der Plage und der Alltäglichkeit, war vielleicht so ein Stück von der Welt, die ich loswerden wollte. Ein gelegentlicher Blick belehrte mich, dass meine zwei Coupégenossen junge Eheleute seien — dafür sprach die abgeschlossene Vertraulichkeit, mit der sie sich in der andern Coupéecke zusammendrängten — der Mann etwas müde an das Polster gelehnt, die Frau, die ihm gegenüber sass, mit sorglichem Interesse zu ihm hinübergebeugt. Zwei Liebende, sagte ich mir, ein Schauspiel für Götter, aber für Sterbliche sehr langweilig, und war froh, in meinen eitlen Schwärmereien nicht durch die bekannten entsetzlichen Coupégespräche, langwierige Erläuterungen über Strecken, die man unzähligemal gefahren ist, unerbetene Aufklärungen über die Fahrordnung, die man bereits auswendig weiss u. s. w. gestört zu werden.

Wir waren etwa zwei Stunden gefahren, als eine Wolke, die schon lange am Horizonte drohend heraufgestiegen war, sich endlich mit einer Heftigkeit, wie sie sich nach angehaltenem Grolle einzustellen pflegt, in unserer Gegend entlud. Ich war genöthigt, das Coupéfenster zu schliessen, was auf der anderen Seite schon bei Beginn der Reise geschehen war, und gewahrte durch die Scheiben in der plötzlich hereingebrochenen Dämmerung draussen nur die dicken, trägen Tropfen, die klatschend ans Fenster schlugen, und das Gewirbel der Staubwolken, das alle Aussicht benahm. Meine Aufmerksamkeit wandte sich wohl oder übel den beiden Reisegenossen zu, in die beim Ausbruch des Unwetters eine gewisse Bewegung gerathen war. Der Mann zuckte nervös und ungeduldig auf seinem Sitze hin und her, die junge Frau aber war mit grosser Beweglichkeit und Flinkheit beschäftigt, allerhand Zurüstungen infolge des Witterungswechsels zu treffen. Erst langte sie ein Plaid aus dem Netz herab, um es aus dem Gurt loszuschnallen und sorgfältig über Knie und Füsse des Gatten zu breiten, dann nahm sie rasch ein Schlüsselchen aus der zierlichen Ledertasche, die sie an der Hüfte trug, holte mit kräftigem Griff einen Handkoffer herab, um einen Shawl herauszunehmen und denselben fest und warm um den Hals ihres Mannes zu legen, endlich ergriff sie einen Hut von der sogenannten Künstlerform, den ihr Mann ziemlich weit in die Coupéecke mir gegenüber geschleudert hatte, und bot mit einer zärtlichen Handbewegung und einer stummen Bitte im Gesichte den Calabreser ihrem Gegenüber dar — offenbar handelte es sich darum, dass er vorsichtigerweise eine etwas schwächer behaarte Stelle seines Hauptes bedecken sollte. Diese geschäftige Vorsicht — mitten im August, in dem man doch keiner grossen Kälte ausgesetzt ist — interessierte mich ein wenig. Ich betrachtete mir das Ehepaar, dessen weiblicher Theil sich von so rührender Dienstfertigkeit erwies, etwas genauer. Der junge Mann, der, nachdem die verschiedenen Handlangungen mit einer seiner Ungeduld entsprechenden Hast erledigt waren, sich wieder ruhig zurücklehnte, war keine gewöhnliche Erscheinung. Auf einem mageren und eckigen Leib sass ein nicht uninteressant geschnittener Kopf: die Stirne hoch und gerade, die Nase unter buschigen Brauen in einem scharfen Winkel einsetzend, lang und fein, schmale, geschweifte Lippen und ein langes, vorspringendes Kinn, das ganze Gesicht bartlos, umrahmt von anliegenden langen, dunklen Haaren, die, hinter das

Ohr geschlichtet, bis auf den Nacken herabfielen. Wo hatte ich nur dieses Profil schon gesehen? Die Erinnerung an das Gesicht eines bedeutenden Mannes erhob sich in mir und quälte mich, bis ich sie näher bestimmt hatte. Richtig: das ist ja Rückerts Profil, die merkwürdige, gewagt scharfe Gesichtslinie des jugendlichen, langhaarigen Freimund, der den „Liebesfrühling" dichtete. In der That: die Aehnlichkeit war frappant; nur die Augen stimmten nicht im geringsten. Unter den buschigen Brauen lagen sie wie graue, glanzlose Höhlen, sie schienen mit dem Ausdruck der Leere immerwährend etwas zu suchen und nur eine nervöse Verdriesslichkeit zuckte dann und wann in ihrer Bewegung auf. Diese nichtssagenden grämlichen Augen gaben dem offenbar sorgfältig zugerüsteten Charakterkopf etwas Groteskes; ihre unfreundliche Unbedeutendheit genügte, um den Rückertkopf in der Coupéecke zu carikieren. Unablässig aber waren die grossen, runden, blauen Augen der Frau gegenüber auf die fatalen Blicke des verdriesslichen Rückert gerichtet, andächtig und mit einem holden Eifer, als gälte es ungesprochene Wünsche zu errathen, verborgene Gedanken zu lesen und in unergründliche Tiefen einzudringen. War mir früher, als sie sich hastig und sicher bewegte, die gemüthlich, ich möchte sagen, häuslich rundliche Gestalt aufgefallen, die bei aller behaglichen Fülle doch den ganzen Reiz der Jugendfrische hatte, so konnte ich jetzt, da sie, befriedigt von ihrem Werke und von der allerdings nur durch einen grämlichen Ruhezustand angedeuteten Zufriedenheit des Gatten, die Hände in den Schoss

legte und innig, fast wie eine Betende, zu ihrem
Gegenüber aufblickte, ihr Gesicht ohne Zudringlich-
keit eine kurze Weile betrachten. Es war rundlich,
wie alles an ihr: ein Vollmondgesicht, das die Form
der blauen Radaugen und der rosigen Wangen zu
wiederholen schien. Auch der kleine Mund mit seinen
schwellenden Lippen und das hübsche, ein klein
wenig stumpfe Näschen näherte sich der Kreislinie.
Und um vollends die ganze Erscheinung abzurunden,
war ein dichter Zopf goldigen Blondhaares nahe der
Stirne wie ein Kronreif um den Kopf geschlungen.
Nicht der leiseste Anhauch von des Gedankens
Blässe lag auf diesem entfalteten Kindergesicht;
aber unsäglich viel Gutmüthigkeit und Innigkeit
leuchtete aus diesen runden Formen hervor vom
Kinn bis zu der blonden Gloriole der Andächtigen.
Der Gatte hatte für die süsse, zärtliche Bewunderung,
die in der Gestalt ihm gegenüber, sozusagen, perso-
nificiert war, offenbar eine äusserst mässige Empfindung. Er erwiderte die andächtigen Blicke nicht
und regte sich nur von Zeit zu Zeit, wenn der Regen heftiger wurde, um mit einer bezeichnenden
Handbewegung und einem scharfen, fast strafenden
Blick hinauszudeuten, als wollte er zu verstehen
geben, dass ihm persönlich ein schweres Unrecht
widerfahre, das er niemandem in seiner Umgebung
zu verzeihen entschlossen sei. Durch ein begüti-
gendes Lächeln, das um die Kinderlippen spielte,
suchte die Frau dann immer wieder diese strafrich-
terliche Stimmung zu besänftigen. Ihr Optimismus
behielt auch Recht, ohne dass dadurch eine wesent-
liche Veränderung in der Stimmung des misslaunigen

falschen Rückert erfolgte. Der Regen liess nach, und als wir uns dem Knotenpunkte A. näherten, wo eine Stunde Aufenthalt für den Zug anberaumt war, wagte sich die Sonne bereits schüchtern hinter lichtgrauen Wolkenrändern hervor, und wir konnten trocken zum Perron und zum Restaurant, wo die Mittagstafel für die Weiterreisenden hergerichtet war, gelangen.

Vor dem Aussteigen hatte die Frau mit fröhlicher Geschäftigkeit, die nicht die geringste Beschwerde merken liess, vier Gepäckstücke an sich genommen, Handkoffer, Plaid und Handtasche und ein Körbchen, in dem ein ganz kleiner Hund lag und schlief — ein Reisegesellschafter, von dem ich bisher so gut wie nichts bemerkt hatte. Ich hätte ihr gerne eines der Gepäcksstücke abgenommen, aber einestheils hielt sie die Reiserequisiten mit ihren rundlichen Fingerchen an den Handhaben so fest umklammert, als ob sie sich nichts entreissen lassen wollte; anderseits konnte es nicht meine Sache sein, dem Gatten, der lediglich eine mit einem silbernen Schloss versehene Mappe an sich genommen hatte und, diese fest unter dem Arme, hinter der niedlichen, resoluten Gepäckträgerin mit gebeugtem Haupte einhergieng, in vielleicht taktloser Weise vorzugreifen.

Wir kamen aus demselben Coupé, suchten dasselbe Ziel, und so ergab es sich ganz von selbst, dass ich an einer der Mittagstafeln, an der eben noch Plätze frei waren, neben meine Coupégenossen zu sitzen kam. Die junge Frau hatte mir zur Rechten Platz genommen; doch bildete das Handgepäck, das, vom Hundekörbchen gekrönt, zwischen unseren Sesseln aufgethürmt war und von meiner Nachbarin sorgfältig bewacht wurde, eine Art Barricade zwischen uns. An der anderen Seite der Dame sass nachlässig der Gatte, der indes nur einige Löffel Suppe zu sich nahm und sich darauf, nachdem ihm die Frau einen Blick zärtlichen Einverständnisses zugeworfen hatte, mit einem Seufzer, abermals die Mappe unter dem Arme, entfernte. Beim Kaffee vermittelte das Hündchen, dem an der Schnur eine beschränkte Freiheit gewährt worden war, meine Bekanntschaft mit der Fahrt- und Tischgenossin. Das Miniaturgeschöpf — das ganze Kerlchen mass etwa zwei Spannen — war offenbar von seiner liebreichen Herrin stark verwöhnt, es kroch an ihrem Rocke empor und blickte bittend und so naiv andächtig zu der guten Frau hinauf, dass ich mich mutatis mutandis — so seltsame Blasen treibt zuweilen die Phantasie — an die kurz vorher im Coupé betrachtete Scene erinnert fühlte. Ich reichte dem Hündchen ein Stückchen Zucker, und da der Dank der Herrin nicht ausblieb, war bald ein freundliches Gespräch im Zuge.

„Sie reisen vermuthlich auch nach O.?" fragte ich, um etwas zu fragen.

„Das ist noch ganz ungewiss," erwiderte sie mit einer hellen, kindlichen Stimme, die eine überaus weiche und angenehme Klangfarbe hatte und mich mitunter wohl auch vergessen liess, was sie sprach. — „Mein guter Mann kann sich nicht so leicht entscheiden; er findet so schwer einen Ort, der ihn in die richtige Stimmung bringt. Jetzt sieht er hier ein wenig nach, ob es ihm vielleicht passen möchte. Aber ich habe wenig Hoffnung. Das Städtchen ist ihm schon vom Coupé aus sehr nüchtern vorgekommen."

„Ihr Herr Gemahl ist wohl Künstler?"

„Er ist Dichter," antwortete meine Nachbarin mit einer merkwürdig entschiedenen, seelenvollen Betonung des Wortes, und ihre runden blauen Augen leuchteten dabei in freudigem Glanze auf.

„Er hat eine merkwürdige Aehnlichkeit mit den Jugendbildern von Rückert," warf ich hin.

„Finden Sie das auch?" sagte meine Nachbarin rasch. „O das ist schon oft bemerkt worden. Als ich ihn zum erstenmal im Leben sah, hatte er Rückerts Gedichte in der Hand und ich glaubte, das Bild auf dem Titelblatt sei lebendig geworden. Ja freilich, das ist frappant. Und er ist ihm auch innerlich ähnlich. Wenn er nur den richtigen Ort finden könnte, der ihm, wie er sagt, die Seele lösen möchte."

„Ich begreife: man braucht Ruhe, Abgeschlossenheit und doch andererseits gewisse Bequemlichkeiten des Lebens, um eine grössere Arbeit mit Behagen durchzuführen."

„Ja — und was die Hauptsache ist — Stimmung. Sie können sich gar nicht vorstellen, wie schwer das zu finden ist. Ganze Sommer sind meinem Mann bereits durch den Mangel an Stimmung verloren gegangen. Voriges Jahr sassen wir sechs Wochen in Interlaken, wir hatten so grosse Hoffnungen auf den Ort gesetzt, und mein Mann hatte nicht einen einzigen stimmungsvollen Tag."

Ein Schatten von inniger Wehmuth glitt bei diesen Worten über das allerliebste Gesicht der Sprecherin.

„Aber Sie sind wohl auch Dichter," fuhr sie fort, „da Sie sich so gut in den Zustand meines Mannes hineinfinden können."

„Das möchte ich nicht entfernt behaupten, wenn es mitunter auch zu meinen Geschäften gehört, meine Einfälle aufs Papier zu bringen."

„Also doch ein College, da wird es meinen Mann gewiss herzlich freuen, Ihre Bekanntschaft zu machen."

Der Mann, der gerade bei diesen Worten wieder an den Tisch zurückgekehrt war, schien wenig Lust zu haben, diese Vorhersage zu bestätigen. Er ignorierte mich vollständig und richtete an seine Frau, während er sich mit der Hand über die Stirn fuhr, die Worte: „Es ist wieder nichts — ich habe es ja vorher gewusst." Er hatte eine ungemein weichliche Art zu sprechen und liess den Ton schläfrig fallen, als lohnte es der Mühe nicht, überhaupt etwas zu sagen.

Die Frau glättete ihm mit ihrem Patschhändchen begütigend die Stirn und sagte in aufheiterndem Tone: „Nun, dann versuchen wirs mit O. Dort soll es so hübsch und still sein, dort wirst du gewiss finden, was du brauchst. Ich gehe gleich, um die Karten zu besorgen."

Sie lispelte, ehe sie sich mit dem Hündchen entfernte, ihrem Mann einige Worte ins Ohr; offenbar hatte sie ihn auf mich aufmerksam gemacht.

Der verdriessliche Rückert nahm denn auch eine gezwungen wohlwollende Miene an und richtete in seiner müden Sprache, die immer vor dem Schluss des Satzes zu ersterben schien, einige herablassende

Fragen an mich. Er erkundigte sich unter anderem, ob ich auch für Zeitungen schreibe, und als ich dies bejahte, kam einiges Leben in seine matten Züge und er meinte in fast verbindlichem Tone, es werde ihn freuen, wenn wir die Fahrt bis O. gemeinsam machen. Dabei reichte er mir seine Karte hin. Die Karte war ungewöhnlich gross und enthielt nur den Vor- und Zunamen Erich Rauden.

Ich hätte herzlich gerne versichert, dass mir der Name schon längst bekannt sei, aber im Kampfe zwischen Höflichkeit und Wahrhaftigkeit siegte die letztere, und ich begnügte mich, mit stummer Artigkeit meine Visitkarte als Gegengabe darzubieten.

Unterdessen war die geschäftige Frau, die trotz der rundlichen Fülle die reizendste Beweglichkeit bekundete, mit den Fahrkarten und dem umgeschriebenen Gepäckschein wiedergekommen und mahnte zum Einsteigen ins Coupé.

„Meine Frau Marie," sagte Herr Rauden nachlässig, und diese Vorstellung gewährte mir die Erlaubnis, zwei Gepäckstücke an mich zu nehmen und mich als ein Zugehöriger dem Ehepaar und dem Hündchen anzuschliessen.

Frau Marie lächelte dabei ganz kindlich vergnügt; es war ihr offenbar ganz willkommen, dass die Bekanntschaft sich gefestigt hatte.

Die kleine Frau behandelte mich von nun an als einen von der hohen Obrigkeit bestätigten Freund. Sie wies mir im Coupé den Platz an ihrer Seite an während der Gatte uns gegenüber sass, und sorgte dafür, dass ich am Gespräch, das sie mit munterer

Redseligkeit fast allein führte, betheiligt bleibe. Mit kindlicher Naivetät machte sie ihren Gatten immer wieder auf mich aufmerksam, indem sie von mir in der dritten Person sprach: „Der Herr wird schon so freundlich sein, dir in O. ein hübsches Heim ausfindig zu machen." — „Der Herr wird das, der Herr wird jenes —" hiess es bei jedem zweiten Worte. Die kleine Frau war von der rührenden Zuversicht erfüllt, dass man ihrem Gatten nichts versagen könne, und dabei blickte sie mich immer so treuherzig lächelnd an, dass ich nicht umhin konnte, alle ihre Vorhersagungen mit einem „o gewiss" oder „mit Vergnügen" bereitwilligst zu bestätigen.

Herr Rauden nahm diese Versicherungen nachlässig hin und meinte nur gelegentlich: „Ich setze keine grossen Hoffnungen auf O."

Wir waren etwa eine halbe Stunde gefahren, als Frau Marie einen neuen Gegenstand aufs Tapet brachte. — „Wir haben noch eine halbe Stunde bis O.," sagte sie, wie von einer plötzlichen Eingebung erfasst, „wie wäre es, wenn du die Zeit benütztest, um dem Herrn einige Gedichte vorzulesen?"

„Aber, Marie, du weisst ja, wie sehr mich das immer aufregt und ermüdet," klang es nervös aus der andern Ecke zurück.

„Aber der Herr möchte gar zu gern etwas von deinen Gedichten hören!"

Sie sah mich dabei mit grossen, freundlichen Augen an und ich nickte bestätigend. — „Und dann, weisst du, der Herr hat vielleicht Verbindungen mit Zeitungen, und es wäre doch gut, wenn wieder einmal etwas von deinen kleinen Sachen gedruckt würde. Weisst du, wie damals ‚Der Drachenfels' in den ‚Dichterblättern' erschien, hat es dir doch eine mächtige Anregung gegeben."

„Aber, Marie —" lehnte der Gatte mit sanftem Unwillen ab, „du weisst ja —"

„Ja freilich," fiel sie ihm mit einem schwärmerischen Aufblick ins Wort, „die Sachen sind mit deinem Herzblut geschrieben und es ist immer wie eine erregende Preisgebung, wenn du sie fremden Ohren anvertraust. Aber der Herr ist ja kein ganz Fremder, er ist ja eine Art College —"

„Wenn du mich also zwingst," sagte er — und schon hatte sie die Mappe mit dem Silberschloss, die neben ihm lag, flink ergriffen und ihm in die Hand gedrückt; er zog mit einem Seufzer den kleinen Schlüssel aus der Westentasche hervor, öffnete das Schloss, hielt einen Moment, wie ermüdet von der Anstrengung, inne und langte endlich eine Partie kleiner Zettel aus der Mappe heraus.

Ich nahm eine Miene der Andacht an, deren Ausdruck gewiss an Dummheit grenzte; ein ungemein lieblicher, treuherzig vertraulicher Blick aus den runden Augen meiner Nachbarin ermunterte mich, diesen Ausdruck der Spannung festzuhalten.

„Ich bitte dich, fange mit dem ‚Mondgedicht' an," sagte sie dann zärtlich zu ihrem Gatten, während ihre Augen sieghaft aufleuchteten.

Er begann mit erhöhter Schläfrigkeit des Ausdrucks und las die folgenden Verszeilen, wobei ihm immer die Schlussreime in einer Art von Seufzer zu verhallen schienen:

> Wenn der Mond mit seinem Glanze
> Nächtlich durch die Wolken bricht,
> Leuchtet Mensch und Thier und Pflanze
> In geheimnisvollem Licht.

Als der Vorleser so weit gekommen war, ergab sich eine unliebsame Störung. Vom Netz her ertönte äusserst gell, erst in abgebrochenen, dann in lang gezogenen Tönen ein empfindliches Wehgeheul.

„Aber Kleinchen," rief Frau Marie ganz entsetzt nach oben, „wirst du gleich still sein!"

Der Teufel weiss, was in das kleine Köterchen, das sich bisher während der ganzen Eisenbahnfahrt mäuschenstill verhalten hatte, hineingefahren war; es arbeitete nur umso energischer in jenen entsetzlich hohen Tönen fort, in denen junge Hunde, die es eigentlich noch nicht recht zum Bellen gebracht haben, ihren überwallenden Gefühlen Ausdruck verleihen. Mit blitzartiger Behendigkeit sprang meine Nachbarin auf, holte das Hündchen aus dem Korbe, in dem es weich gebettet lag, herab, streichelte es und rief ein über das anderemal: „Ruhig, Kleinchen! Wirst du wohl artig sein, wie immer? — Du bellst wohl den Mond an?" fügte sie endlich verständnisinnig und in vollem Ernste hinzu, sie war offenbar überzeugt, dass die plastische Darstellung des Mondes das Thier in Aufregung versetzt habe. Das Hündchen beruhigte sich allgemach; glücklicherweise hatte es den hasserfüllten Blick nicht bemerkt, mit dem Rauden es bedachte, während er die bösen Worte: „Deine Passionen!" mehr zwischen den Zähnen murmelte, als deutlich aussprach. Als die Ruhe vollständig hergestellt und Kleinchen wieder in seinen Korb gebettet war, fuhr sich Rauden mehrmals durch die Haare mit der Miene eines Mannes, der mit dem Aufgebot aller Selbstbeherrschung wieder zu sich kommen will, wiederholte, um den ungehemmten Gesammteindruck herzustellen, die ersten vier Zeilen und fuhr dann fort:

> In belebtem Scheine zittert
> Selbst das todte Felsgestein,
> Selbst ein fühllos Herz umwittert
> Zauberhauch im Mondenschein.
>
> Mich umfliesst's wie eine Ahnung
> Einer zweiten, höher'n Welt:
> Ist's geheime Todesmahnung,
> Die mir auf die Seele fällt?

Während uns der falsche Rückert dieses vom Monde erzählte, leuchtete das Mondgesicht seiner Gattin, deren Arme rundverschränkt im Schosse lagen, in wahrer Verzückung auf. Die Nachmittagssonne fiel schräg durch das Coupéfenster herein und verklärte die ganze Gestalt der Zuhörerin. An ihrem blonden Rundzopf erglänzte jedes Härchen, einen Schimmer um sich verbreitend, in goldigem Licht, auf ihrem Gesicht spielten die hereinfallenden Strahlen so neckisch, dass rosig schimmernde Kreise hervortraten, in ihren Augen lag ein feuchter Glanz und ihre ganze Gestalt entlang lief an der Fensterseite eine fliessende Lichtlinie, welche die lieben Formen anmuthig umgrenzte.

Ganz unwillkürlich fuhr mir der Ausruf: „Reizend!" über die Lippen.

„Nicht wahr?" fiel meine Nachbarin mit heller Stimme ein, „das lässt sich hören, das ist echte Poesie!"

Ich kam zur Besinnung und brachte nach einer Pause ein etwas gedehntes: „Sehr hübsch!" hervor.

Der Vorleser lehnte sich erschöpft zurück, während Frau Marie an mein Urtheil anknüpfend, das Gespräch mit grosser Redseligkeit aufnahm.

„So sind sie alle," versicherte sie, „alle, eines wie das andere. Ich weiss sie alle auswendig; aber mir wird immer so weich zu Muthe, wenn ich eines von ihnen höre." Eine echte Thräne perlte dabei, von der Sonne glücklich beleuchtet, in ihrem Auge. „Ja, das Mondgedicht," fuhr sie fort, „das kann man nicht hören, ohne dass einem dabei das Herz im Leibe zittert. Weisst du noch, wie du es vor zwei Jahren in Ischl geschrieben hast? Auf der Veranda ist es dir eingefallen und im kleinen Salon hast du es zu Ende gebracht. Das war ein glücklicher Tag!"

Rauden nickte nachlässig bestätigend.

„Da hattest du einmal wieder Stimmung," fuhr sie fort, „du hast aber auch gesehen, wie es auf den Herrn gewirkt hat. Der Herr wird das gewiss drucken," sagte sie freundlich zu mir gewendet, „davon bin ich überzeugt."

Ich erwiderte artig, dass es mir gewiss ein Vergnügen sein würde, den Herrschaften gefällig zu sein, bemerkte aber vorsichtig, dass ich für meinen Theil keine Zeitung redigiere und zu Zeitschriften, welche Gedichte bringen, nur in entfernten Beziehungen stehe.

„Aber doch in Beziehungen, nicht wahr?" fiel Frau Marie ein, „da können Sie sich gar nicht auf bessere Art näher befreunden," — diesmal wurde ich einer directen Ansprache gewürdigt — „als wenn Sie das Mondgedicht einschicken. Sie wissen gar nicht, wie das meinen Mann schaffenslustig macht, wenn er etwas von sich gedruckt sieht."

Sie zählte nun mit anmuthiger Geschwätzigkeit alle Fälle auf, in denen die dichterische Kraft auf so wunderbare Art geweckt worden war; es waren ihrer, wenn ich mich recht erinnere, im ganzen fünf. „Als ‚Der Rabe auf dem Stumpf' erschien," sagte sie mit kindlicher Begeisterung, „hat er gleich in den folgenden drei Wochen drei ähnliche Gedichte gemacht." — „Nicht wahr?" schloss Frau Marie ihre ausführlichen Mittheilungen, „Sie schreiben noch heute in O. an den Redacteur?"

Es lag eine unbeschreibliche, sanft andringende Zärtlichkeit in ihren Worten. Ich zögerte einen Moment und sagte dann vorsichtig: „Ich will's versuchen, ob ich eine gute Form dafür finden kann."

„O," schmeichelte sie, „Sie sind ja so gewandt. Erich," wandte sie sich an ihren Mann, „gib doch dem Herrn gleich das Blatt, damit die Sache ein für allemal abgemacht ist."

Erich, in dessen matte Züge einiges Leben gerathen war, hatte die ganze Zeit mit unverkennbar getheilten Gefühlen zugehört. Die Lobsprüche seiner

Frau sog er mit nachlässigem Behagen ein, andererseits spielten seine Finger krampfhaft an dem Schloss der Mappe, aus der er offenbar gerne noch manches andere Blatt ans Licht gebracht hätte. Jetzt langte er seiner Frau mit der Dulderbewegung eines Mannes, der sich in sein Schicksal ergibt, das Mondgedicht herüber, und ehe ich mich dessen versah, hatte sie mir's in die Hände gespielt.

„Es ist doch deutlich geschrieben?" sagte sie mit einem besorgten Blicke zu mir.

Diesmal konnte ich mit voller Herzhaftigkeit zustimmen und loben. Das Gedicht war in einer grossen, etwas rundlichen Kinderschrift überdeutlich auf das Papier gemalt.

„Ich gebe mir alle erdenkliche Mühe," erwiderte sie, offenbar befriedigt durch mein Lob; „aber es gelingt nicht immer. Anfangs war manches verzuckt und mein Mann hatte viel Aerger damit. Ich wusste damals noch nicht, dass es bei solchen Sachen auf jeden Buchstaben ankommt. Aber jetzt macht es sich, nicht wahr, Erich?"

Der Angesprochene versuchte seiner Müdigkeit ein leises Lächeln abzugewinnen.

Frau Marie erzählte nun — offenbar war ihr der Gegenstand wichtig und angenehm — in ausführlichster Weise, wie sie an den Gedichten ihres Gatten eigentlich erst das höhere Schreiben erlernt habe. Anfangs habe sie gar nicht die Bedeutung der Zeilen recht verstanden und die schönsten Verse durcheinander gewirrt. „Das gab Scenen," rief sie aus und lächelte dabei wie ein Kind, das von überstandenen Strafen erzählt. Aber mit der Zeit habe sie die Bedeutung jeder Letter und jedes Apostrophs kennen gelernt und jetzt sei sie glücklich so weit, dass sie jedes Gedicht, das ihr Mann in der Begeisterung auf das Papier werfe, fast ganz ohne Fehler copieren könne. „Es sieht oft ganz merkwürdig aus, der Herr würde sich gar nicht auskennen," fügte sie mit einem schelmischen Blick auf mich hinzu. Die Gute merkte nicht, dass der Gatte während dieser gründlichen Mittheilungen etwas ungeduldig geworden war und den Deckel der Mappe nervös auf- und zuklappte. Der falsche Rückert hätte sich offenbar noch gerne zu einer Production aufgerafft. Aber Frau Marie war im Zuge, und ihr helles Geplauder füllte die kurze Zeit, bis wir in die Hauptstation B. einfuhren, von wo ein kurzer Weg zu unserem Reiseziele führte.

Meine Stellung war nun schon eine ganz andere wie in A. Ich war zum Freunde avanciert. Widerstandslos durfte ich mich der drei Handgepäckstücke bemächtigen; nur Kleinchen blieb natürlich in der Obhut der Frau Marie, und die Mappe in den Händen Raudens, der ächzend das Coupé verliess und auf dem Perron zu seiner Gattin sagte: „Es wird schon wieder nichts sein, ich seh' es kommen!" Es verstand sich nun ganz von selbst, dass ich als eine Art Reisemarschall vor dem Bahnhof den Wagen besorgte, und da nur ein zweisitziger zu haben war, nahm ich auf dem Bocke neben dem Kutscher Platz, wo auch ein Theil des Handgepäckes aufgestapelt wurde, so dass meine Lage für keine sonderlich bequeme gelten konnte. Die aufmunternden Blicke indes, die Frau Marie, so oft die zärtliche Besorgnis um den Gatten eine kleine Pause zuliess, zwischen mir und dem in seinem Körbchen auf dem Nothsitze postirten Kleinchen theilte, versüssten mir einigermassen die Beschwerden der kurzen Fahrt, und als wir in O. vor dem am Walde gelegenen Gasthause ausstiegen, durfte ich nicht nur der Dame behilflich sein, sondern wurde sogar der Auszeichnung gewürdigt, Herrn Rauden einen Moment lang die Mappe halten zu dürfen. Frau Marie warf mir dabei einen bedeutungsvollen Blick zu, als wollte sie sagen: Du bist schon gewaltig in der Gunst gestiegen!

Gleich beim Betreten des Gasthauses sorgte die kleine Frau, in der offenbar der gute Geist der Häuslichkeit waltete, für uns alle. Sie führte ganz allein mit dem Hotelier die Verhandlung wegen der Zimmer. Das währte immerhin einige Minuten. In der mechanischen Freundlichkeit des Wirts zeigten sich einige zuckende Unterbrechungen, als sie die vorläufige Wohnung für ihren Gatten und nebenher für sich bestellte. Für meinen Theil konnte ich nicht umhin, ihre Umsicht zu bewundern. „Wissen Sie, Herr Wirt, die Zimmer müssen recht gross sein. Ein luftiges Schlafzimmer, von dem aus man den Sonnenaufgang sieht, und ein ruhiges Schreibzimmer, in dem man auf und ab gehen kann, Aussicht in den Wald —"

„Ja, da werden aber Euer Gnaden den Sonnenaufgang nicht sehen."

„Aber jetzt meine ich das Schreibzimmer; die Zimmer können ja in der Ecke liegen. Was haben Sie denn für Rouleaux?"

„Weisse, gnädige Frau."

„Grüne wären uns lieber, das gibt so einen Dämmerschein. Nun wir hängen etwas d'rüber. — Es ist doch kein Lärm auf dem Gang?"

„Ich bitte sehr, alles still und curgemäss."

„Nun wir werden ja sehen. Geben Sie jedenfalls Auftrag, dass Ruhe gehalten wird. Mein Mann ist so leicht gestört. — Schliesslich kam ich auch an die Reihe: „Der Herr da wünscht auch ein gutes Zimmer, nach dem Walde hinaus; nicht wahr?" nickte mir die kleine Hausmutter zu.

„Ja, ja, wie die gnädige Frau sagt," bestätigte ich.

„Und nun," sagte Frau Marie, „wird zu Mittag gegangen. Der Herr wird schon so gut sein, dir Gesellschaft zu leisten, bis ich die Sachen untergebracht habe."

Ich hatte nun freilich schon in A. zu Mittag gegessen und ebenso, wie ich mich erinnerte, Frau Marie. Aber Rauden hatte dort Stimmung gesucht und musste bereits einen gewaltigen Appetit haben, da es zwischendurch halb sechs Uhr abend geworden war.

Aus dem vertraulichen, bittenden Blick, den mir Frau Marie zuwarf, entnahm ich, dass Rauden nicht allein zu essen gewohnt war. Ich liess also rasch mein Gepäck auf mein Zimmer besorgen und fügte mich mit einer Art behaglichen Gehorsams, der mir innerlich wohlthat, dem Commando. Dabei ertappte ich mich zu meiner Verwunderung bei dem Versuch, auszurechnen, wie viel Zeit die behende, frische Reisegenossin wohl brauchen werde, um wieder zu uns zurückzukehren. Der falsche Rückert liess sich meine Dienstwilligkeit gefallen. Er gieng zwischen den vor dem Gasthause aufgestellten Tischen ziemlich lange hin und her und duldete mich in seinem Gefolge. Einmal hatte ich mich in der Meinung, er habe schon gewählt, bereits niedergesetzt, als er mit klagender Stimme und strafendem Blick bemerkte: „Hier könnte ich nicht einen Bissen herunterbringen." Endlich entschied er sich für einen Platz an der Ecke der Terrasse mit den Worten: „Das ist ein stimmungsvolles Plätzchen!" Er setzte sich in den Schatten und wies mir mit der Hand den Platz gegenüber, auf den die Nachmittagssonne niederbrannte. Besorgniserregend war mir, dass er die Mappe zum Mittagessen mitgenommen hatte.

Die Sache gestaltete sich indessen nicht so schlimm, als ich befürchtete, denn bis auf weiteres war der Dichter weit mehr um das, was in den Mund hineingieng, als um das, was aus demselben herauskommen sollte, besorgt. Das Plätzchen musste wirklich ein sehr stimmungsvolles sein, denn mein Tischgenosse wurde nicht müde, „Bissen herunterzubringen". Er entwickelte einen imponierenden Appetit, den ich seinen bleichen Wangen, seiner Melancholie und seinem etwas schlottrigen Aussenmenschen nicht zugetraut hätte. Nach der Suppe verschlang er mit einer Miene aufwühlenden Weltschmerzes ein Beefsteak in unglaublich kurzer Frist, und als Frau Marie nach wenigen Minuten, noch hochgeröthet von der Arbeit, herabkam und ihn besorgt mit den Worten: „Wie geht's?" ansprach, war er eben damit beschäftigt, mit dem verachtungsvollen Ausdruck eines Mannes, der sich nicht gern mit Kleinigkeiten abgibt, ein Hühnerragout zu vertilgen.

„Es wird sich machen," hauchte er, so gut es angieng, mit vollem Munde hin.

„Gott sei Dank, du scheinst Appetit zu haben, der Wein schmeckt dir auch, wie ich sehe — ich wette darauf, hier findest du die Stimmung," sagte sie mit sichtlichem Vergnügen. „Aber der Herr sitzt ja in der Sonne," fügte sie mit zarter Aufmerksamkeit für mich hinzu. „Das müssen wir anders arrangieren!" und geschäftig rückte sie die Sessel an einander, so dass wir alle im Schatten Platz fanden:

Frau Marie sass zwischen uns beiden und theilte sich zwischen der berathenden Sorge um das weitere Menu des Gatten, der in immer schmerzlicherer Vestörtheit noch einen kleinen Braten, eine Mehlspeise, einen Käse und etwas süsses Dessert zu sich nahm, und mir, den sie in der anmuthigsten Weise bemutterte, so dass mich immer mehr das Gefühl eines wohlbeschützten Daheim umfieng.

Ich begnügte mich, wie meine Nachbarin, mit einem Nachmittagskaffee, aber die holde Frau mir zur Seite erspähte immer wieder irgend ein zum Kaffee gehöriges Bedürfnis, für dessen Befriedigung sie sorgte. Der Kellner hatte zu thun, so oft er vorbei kam.

„Nimmt der Herr gar keine Butter zum Kaffee? — Nun freilich, die Männer würden ja verhungern, wenn wir nicht für sie sorgten! — Warum nimmst du so wenig von der Mehlspeise, Erich?" warf sie dazwischen, da sich der Dichter beim Pudding zu einem etwas langsameren Tempo entschloss. — „Aber der Herr hat ja fast gar keinen Zucker. — Haben Sie denn nicht etwas Honig vorräthig? — — —" So gieng es in einem fort, bis für alles Erdenkliche gesorgt war. In all dieser Beweglichkeit lag eine ruhige Sicherheit, welche wohlthuend wirkte; und dabei hatte meine Nachbarin eine freundliche Art, einem die Wünsche von den Augen abzusehen oder lächelnd in das Gemüth hineinzuwinken, dass man zuletzt Vergnügen an all dem Ueberflüssigen empfand, das sie herbeizuzaubern wusste.

Als endlich die mannigfachen Bestellungen erledigt waren und der Dichter sich nach seiner langen Mahlzeit mit melancholischem Behagen gleichfalls einen Kaffee schmecken liess, brachte Frau Marie das Gespräch auf die Schönheiten des Orts, auf die prächtige Lage der Zimmer, die sie bereits eingehend besichtigt hatte und bot in rührender Weise ihre ganze Beredsamkeit auf, um ihren Mann für O. zu „stimmen".

„Weisst du, Erich," sagte sie, „von deinem Zimmer geht ein Fenster in einen finsteren Föhrenwald und das andere in ein prachtvolles Waldthal mit einem plätschernden Bach und allerliebsten Hütten. Ich bin überzeugt: das gibt zwei Gedichte von dir, wie man sich sie schöner nicht denken kann.

— Der Herr," fügte sie mit gewinnender, naiver Gutmüthigkeit zu mir gewendet hinzu, „hat auch ein sehr hübsches, poetisch gelegenes Zimmer. Ich habe im Vorbeigehen hineingeblickt und alles in Ordnung gefunden."

Während ich für diese besondere Aufmerksamkeit dankte, zuckte Rauden heftig und unwillig mit den Achseln. Er gab auf diese Art pantomimisch zu verstehen, dass kein anderes menschliches Wesen zu ergründen in der Lage sei, wann und wie er sich zur Poesie angeregt fühle.

Frau Marie lenkte rasch ein, um die Verstimmung ihres Gatten zu bannen. „Nun, wir werden ja sehen," meinte sie begütigend und begann, auf ein anderes Thema übergehend, von den verschiedensten Familienangelegenheiten zu sprechen. Sie that es in der rückhaltlosesten Weise, sie rechnete mich offenbar schon ganz zur Familie hinzu.

Auf diese Art erfuhr ich, dass die jungen Leute drei Jahre verheiratet seien und dass ein herrlicher Vierzeiler, ein „Quatrain" von Erich die Bekanntschaft vermittelt und die Liebe in das Herz der poesiefreundlichen Kaufmannstochter gepflanzt hatte. Sie waren kinderlos, hatten die meiste Zeit ihrer Ehe bisher an verschiedenen Sommer- und Wintercurorten zugebracht und segneten alle Plätze, wo ein kleines Gedicht entstanden war.

Selbst das mürrische Poetengesicht Raudens wurde ab und zu bei diesen Erinnerungen freundlich. „Erinnerst du dich noch, wie dir in Meran ‚Der Rabe auf dem Stumpfe' einfiel?" und wahrhaftig, ein Lächeln, das an ganz gewöhnliche Menschenkinder erinnerte, glitt als Antwort über die bedeutenden Züge des Poeten.

Auch finanzielle Angelegenheiten wurden vor mir ganz ungeniert erörtert. Der gute Papa hatte in das unmittelbar benachbarte T., den Centralort des Gebietes, das diesmal bereist wurde, eine grössere Geldsumme für das junge Paar dirigirt, und als Frau Marie sich daran erinnerte, fand sie plötzlich, dass nun genug gerastet sei, und dass es an der Zeit wäre, sich wieder sorglich in Bewegung zu setzen.

„Das Beste ist," sagte sie, „ich gehe gleich hinüber, um die Sache in Ordnung zu bringen. Vielleicht findest du doch hier, was du suchst, und da ist es gut, wenn wir uns der Zimmer versichern und gleich morgen alles fest machen können. Kleinchen ist heute auch noch gar nicht auf den Beinen gewesen; den kann ich gleich bei der Gelegenheit ein wenig spazieren führen."

Rauden gab seine Zustimmung und fand die Angelegenheit sogar wert, einige Worte an dieselbe zu wenden. „Wenn du schon hinübergehst," sagte er ziemlich gnädig, „dann könntest du gleich eine Karte an deinen Papa aufgeben, dass er den nächsten Monat etwas mehr schicken möchte."

„O," erwiderte sie mit hellleuchtender Zuversicht in ihren Radaugen, „das thut Papa schon von selbst, wenn er erfährt, dass du hier Stimmung gefunden hast. Also Adieu! — Du wirst jetzt ein wenig ausruhen, und wer weiss, es ist so hübsch da oben, so wohlig und dämmrig — ich sage nichts — aber ich denke nur so, vielleicht werde ich überrascht, wenn ich nach Hause komme, vielleicht gelingt's dir noch heute, weisst du, das von der Waldandacht, wovon wir im vorigen Herbst in Nizza — — —"

Rauden winkte mit verfinsterter Stirn ab. „Nun heute oder morgen — es kommt schon," beruhigte sie. „Und der Herr wird nicht vergessen, nicht wahr?" fuhr sie mit einem reizenden Lächeln zu mir gewendet fort.

Ich sah sie an und vergass in der That dabei alles andere.

„Haben Sie das Blatt noch?" fragte sie forschend.

„Ja richtig, das Mondgedicht!" Ich griff in die Brusttasche und brachte es glücklich zur Stelle.

„Nein, wie der Herr das schöne Gedicht zerknittert hat," sagte sie sanft schmollend, glättete das Papier mit ihren rosigen, kurzen Fingerchen und reichte es mir mit den Worten: „Nicht wahr, Sie schreiben noch heute an den Redacteur?"

„Wenn es nur irgend möglich ist —" brachte ich in einiger Verwirrung hervor.

Darauf nickte sie uns Abschied nehmend zu, winkte über den Platz schreitend noch einmal mit den Händen und verschwand für knapp eine Minute im Hause, um zum Gange ausgerüstet, Kleinchen auf dem Arme, wieder vor dem Hause zu erscheinen und ihren Weg, nochmals vertraulich grüssend, anzutreten. Sie hatte einen Strohhut aufgesetzt, der rund war, wie alles an ihr, und hüpfte leichten Schrittes ab und zu, dem Hund ein Liebeswort zurufend, die Treppe hinab, die von der Terrasse auf die staubige Landstrasse führte.

Die Augen auf die lieblich bewegte Erscheinung gerichtet, meinte ich, um nicht ganz stumm da zu sitzen: „Sie werden wohl ein wenig ruhen wollen, Herr Rauden?"

„Ruhen?" sagte er mit einem bitteren Lächeln. „Wo denken Sie hin! Wenn es so in einem arbeitet. Aber ich werde ein Stündchen mir selbst angehören."

Er erhob sich — etwas schwerfällig und mühsam — ich konnte nicht entscheiden, ob dies durch die reichliche Mahlzeit oder den ernsten Entschluss, sich selbst anzugehören, verursacht war, nickte mir leicht zu und schritt gesenkten Hauptes ins Haus.

Seine Gestalt, mit den langen glatten Haaren, welche über den Rockkragen und bis an die Schultern herabfielen, glich, von hinten gesehen, bedenklich den kleinen langfädigen Figürchen, die man ehedem als Federwischer zu verwenden liebte.

Ich liess diesen etwas grotesken Eindruck nicht lange auf mich wirken, sondern beugte mich über das Gitter der Terrasse herab, von dem aus man die Landstrasse und die Brücke, die nach T. führt, überblicken konnte.

Lange, weit hinaus konnte ich mit den Blicken Frau Marie verfolgen, die ohne auf den Staub und auf die noch am Abend fortwährende Hitze zu achten, rüstig auf der Strasse einherschritt. Ich sah von rückwärts ihre aufrechte Gestalt, ihre schlanke Taille und die Fülle der blonden Haare, in denen die letzten Strahlen der Abendsonne spielten. Ihr Schritt war elastisch und jede ihrer Bewegungen von unbewusster Anmuth, wie sie den Kindern eignet. Neben ihr lief an der Schnur das Hündchen einher, das bald dem Rande der Strasse zukrabbelte, bald an der Herrin emporsprang. Manchmal, wenn das Thierchen zurückblieb, wandte sie sich, um zu rascherem Gange zu ermuntern, und dann schien es mir wohl, als ob die ganze Landschaft durch ihr heiteres Gesicht belebt würde. Endlich, als Kleinchen träge wurde und an der Schnur zerrte, nahm sie den Liebling mit einer raschen, herzhaften Bewegung vom Boden auf, streichelte und küsste das kleine Thier und hielt es auf dem weiteren Gang zart und warm in ihren Armen. Nahe der Brücke blieb sie am Rande der Strasse, die den Strom entlang läuft, eine Weile stehen und betrachtete das prächtige Schloss mit den hängenden Gärten, das am anderen Ufer die Felsen krönt. War sie vielleicht eher zur Stimmung gekommen, als ihr Mann da oben in dem wohligen, dämmrigen Schreibzimmer? Oder dachte sie vielleicht nur, was für ein schönes kleines Gedicht ihr Erich daraus machen könnte?

Ich sah sie noch auf der Brücke dahinschreiten, wo ihre Silhouette wie ein Schatten zwischen den Ketten und Pfeilern vorwärts schwebte, bis endlich die Gestalt mir am Beginn des gegenüberliegenden Ortes wie ein liebliches Traumgesicht entschwand.

Es war mir seltsam zu Muthe, just als wenn ich weiter träumen müsste. Ich verliess die Terrasse, die da und dort von Menschen besetzt war, und schlug den Waldweg nächst dem Hotel ein, um mich unter den Baumkronen, die zum Dache aneinander rückten, immer weiter in der Einsamkeit zu verlieren. Alles duftete ringsum, noch erquickt von dem kurzen Regen, der am Nachmittag niedergegangen war, und in der lauschigen Stille glaubte ich meine eigenen Gedanken zu vernehmen. Es war ein herrlicher Abend, und mich überkam eine ungewohnte Heiterkeit. War es das Gefühl der Freiheit, das am Morgen so unruhig in mir hin und her gezuckt hatte und nun zum sicheren Behagen gelangt war — war es das Gegentheil, die aufdämmernde Empfindung einer neuen, angenehmen Gebundenheit, zu der ich aus der kaum gewonnenen Freiheit überzugehen im Begriffe stand? Gewiss ist, dass mir O. in dieser Stunde als der schönste Ort der Welt erschien, und dass ich um keinen Preis an einem anderen hätte verweilen mögen. Ich malte mir die nächsten Morgen und Abende aus, die Spaziergänge im Walde, und ohne dass ich dessen recht bewusst wurde, umfieng mich immer mehr die Vorstellung, mich die nächsten Wochen, wie heute am Nachmittage, von der kleinen Frau Marie bemuttert zu sehen. Wie fröhlich klang ihre Stimme, wie reizend wusste sie zu lächeln und zu schmollen und wie musste sie in diesen stillen Wald hineinpassen, ein Wesen, an dem alles so naiv, so naturfrisch und treuherzig ist! Die Vorstellung, dass ihr Mann ab und zu dieses freundliche Beisammensein durch ein Oeffnen seiner Mappe unterbrechen könnte, hatte gar nichts Erschreckendes mehr für mich. Am Ende waren die kleinen Gedichte auch nicht gar so übel. Ich sagte zwei Zeilen des Mondgedichtes vor mich hin und suchte denselben, ohne dass es mir recht gelingen wollte, Geschmack abzugewinnen. Viel Besseres, fuhr es mir durch den Kopf, hat eigentlich Karl Mayer auch nicht geschrieben, und doch hat ihn der schwäbische Dichterkreis herzlich gerne gelten lassen. Aber freilich, Karl Mayer war ein herzensguter Kerl, und dieser falsche Rückert — — Nun am Ende ist er auch nur ein unbewusster Egoist und meint es vielleicht besser mit den andern, als es den Anschein hat. Bei alledem fiel mir das halbe Versprechen ein, das ich der holden Frau gegeben hatte, und ich sagte mir: Ich will's wenigstens versuchen. Vielleicht bringe ich es über mich und mache der lieben Nachbarin morgen früh das Vergnügen, ihr selbst den Brief zur Bestellung zu übergeben. Auch sonst waren noch Briefe heute zu erledigen. Ich beschloss aus diesem Grunde umzukehren und mein Zimmer aufzusuchen, obgleich der prächtige Abend zum Verweilen im Freien einlud. Oder war es nicht das, war es vielleicht der unbestimmte, uneingestandene Wunsch, meinen Reisegenossen heute noch einmal zu begegnen, was mich nach Hause trieb?

Als ich auf die Terrasse gelangte und quer über dieselbe dem Hause zuschritt, kam richtig Frau Marie, von ihrem Gange zurückkehrend, eilig die Treppen herauf. Das Hündchen, das durch ein Tuch vor der Abendluft geschützt war, hielt sie auf dem Arme und ein grosses, dickes Couvert in der andern Hand. Es war schon ziemlich tiefe Dämmerung, aber ich konnte doch noch ihre Gesichtszüge unterscheiden, die von jener eigenthümlichen Fröhlichkeit glänzten, welche gute Menschen verklärt, wenn sie zugunsten eines geliebten Wesens eine Arbeit verrichtet haben. „Alles besorgt," rief sie mir munter zu. „Mein Wahlspruch war immer: Besser heute, als morgen. Wenn nur Erich sich auch etwas von dieser Raschheit aneignen wollte! Er hat so viel Talent und nur das eine nicht: rasch vorwärts zu kommen. Aber hier wird's schon gehen, ich fühle es. Nicht wahr," sagte sie, mir näherrückend, und blickte mich dabei mit der Vertraulichkeit an, mit der man einem treuen Bundesgenossen in die Augen sieht, „Sie werden mich darin unterstützen, ihn zu ermuntern? Er hat so verzagte Stunden, wie jeder Dichter. Und vor allem — nicht vergessen! — den Brief an den Redacteur, — noch heute, ich bitt, recht schön! — —" Und sie faltete dabei, soweit es ihre Belastung zuliess, die Händchen wie ein bittendes Kind.

Ich hätte Barbar sein müssen, um nicht wenigstens zu sagen: „Der Versuch soll gemacht werden."

„Nun, gute Nacht!" rief sie mir dankbar zu und reichte mir zum erstenmale die Hand.

Gleich darauf war sie im Treppenhause verschwunden, und ich folgte ihr langsam und nachdenklich, um auf mein Zimmer zu gehen.

Als ich im Corridor an einem Zimmer vorbeikam, in dem eben die Thür gegangen war — es war ein Eckzimmer gegen den Wald zu und ich durfte nach der Beschreibung das Arbeitszimmer des Herrn

Rauden darin vermuthen — hörte ich ein mächtiges Schnarchen, das mich in der Klangfarbe an die seufzende Declamation im Eisenbahn-Coupé erinnerte. Also hatte er nach der reichlichen Mahlzeit dennoch Ruhe gefunden, obgleich es so heftig in ihm arbeitete.

Als ich in meinem Zimmer anlangte, fühlte ich noch immer den Druck der kleinen Hand, sah ich noch immer Frau Marie in der Gestalt eines grossen bittenden Kindes vor mir. „Machen wir uns dran," sagt' ich zu mir. „Es war ja immer deine Gewohnheit, das Schwerste zuerst vorzunehmen." Ich weiss wirklich nicht, ob das jemals meine Gewohnheit war, aber gewiss ist, dass ich mir's damals einbildete. Leicht war die Sache in der That nicht. Schwerfällig holte ich mein Briefpapier aus der Handtasche hervor, langsam setzte ich mich an den Schreibtisch und begann das Schreiben an den Redacteur zu stilisiren. Es hat mich einigen Schweiss gekostet, wie nicht so bald ein zweites in meinem Leben. Die Wendungen wollten nicht recht aus der Feder hervor, und zwischendurch las ich, was auch nicht gerade anregend war, wiederholt das Mondgedicht mit der Tendenz, demselben einen geheimen, bisher ungenossenen Reiz abzugewinnen. Endlich entschloss ich mich zu einer Wendung, die mich einigermassen befriedigte. Ich schrieb von einer „kleinen, anspruchslosen Production von anmuthig gerundeter Form, die sich wohl trefflich wie eine bescheidene Knospe in den Kranz der Dichtungen einfügen liesse". Dann fügte ich, mir die Stelle mit besonderem Nachdrucke vorsprechend, hinzu: „dass durch den Abdruck des Gedichtes einem guten Menschen" — die Angabe des Geschlechtes war ja nicht nothwendig — „ein besonderer Liebesdienst erwiesen würde." Da mir der Freund Redacteur als ein sehr wohlwollender Mann bekannt war, setzte ich auf diesen Passus besondere Hoffnung.

Brief und Adresse waren geschrieben, die Zuschrift sorgfältig ins Couvert gelegt — aber ich konnte es merkwürdiger Weise nicht über mich bringen, den Brief zu schliessen. Eine Art Schamgefühl überkam mich, und es gewährte mir offenbar Beruhigung, die Spalte des Couverts wie einen noch immer möglichen Ausweg geöffnet vor mir zu sehen.

Das Gewissen regte sich heftig in mir und rief grosse innere Kämpfe hervor, wie sie bezeichnender Weise im Leben so oft an die kleinlichsten Vorkommnisse anknüpfen. Ich sprang auf und gieng im Zimmer auf und ab.

Nie vorher im Leben hatte ich, soweit mein bescheidener Einfluss reichte, etwas Schwaches empfohlen, etwas literarisch nicht ganz Würdiges in den Vordergrund gedrängt. Es war gegen meine Grundsätze, die mir zur zweiten Natur geworden waren. Warum sollte ich es jetzt thun und sollte ich es überhaupt thun? Ich fühlte etwas wie einen Bruch in meinem Innern und beiher, aber das schon mehr im Hintergrunde, war mir auch die Vorstellung von dem Eindruck, den die Lectüre des Briefes und der Einlage auf den befreundeten Redacteur machen werde, keine besonders erbauliche. Nichts lag mir ferner, als den Grund für den fatalen Brief irgendwo in der Nähe zu suchen. Ich war höchst abstract gestimmt, grübelte mich in die Gewissensfrage hinein und wälzte das ethische Thema im Gemüthe umher. Plötzlich kam es wie eine höhere Eingebung über mich. Ich sah die Sache mit einemmale in einem ganz neuen Lichte, das mir unendlich behagte. Die Gedanken ordneten sich in einer neuen Richtung, und ihre Folge erschien mir als eine neuartige und ganz besonders befriedigende. Ich erinnere mich, dass mich ein freudiges Hochgefühl anwandelte, so etwas wie das Bewusstsein einer neuen Entdeckung auf dem Gebiete der Humanität. Ich gieng hastig, ja fast pathetisch auf und ab und setzte mich endlich ungeduldig an den Schreibtisch, um den Zusammenhangm einer Ideen zu fixieren. Ob mich nun die momentane innere Ueberzeugung so heftig drängte, ob es mir vielleicht nicht noch mehr darum zu thun war, ein Zeugnis für die innere Uebereinstimmung mit mir selbst zum ewigen Gedächtnis auf das Papier zu bringen — das wage ich heute nicht zu entscheiden.

Die Worte aber, die in grossen Zügen hingeworfen einen vergilbten Halbbogen füllen, lauten folgendermassen: „Hat unsere Ethik nicht eine gewaltige Lücke? Warum sind wir so grausam gegen die geistig Schwachen, gegen die Untalente oder Halbtalente auf dem Gebiete der Kunst und Wissenschaft? Warum stossen die besten Menschen sie unerbittlich zurück, wenn sie sich in den Bereich des Schaffens hineinwagen und nach einem Tropfen Anerkennung dürsten, von der Glücklichere in vollen Zügen trinken? Warum gilt es für gerecht, solche etwas kümmerlich von der Natur bedachte Menschen kurzweg abzuweisen oder zu ihrem eigenen Heil, wie die heuchlerische Redensart lautet, mit schonungslosem Spotte zu bedecken? Sind diese Unglücklichen mit ihrem Halbvermögen oder Unvermögen und ihrer grossen Sehnsucht im Gemüthe denn in einem anderen Falle, wie unsere mitleidswürdigen Mitmenschen, die körperlich schwach, siech oder gar krüppelhaft auf die Welt kommen und dennoch einen heissen Trieb empfinden, sich in die für die Gesunden und Starken so schön aufgebaute Welt hinaus zu wagen? Wenn ein ungewöhnlich hässlicher Mensch sich geliebt wähnt, und dieser ihn beglückende Wahn weder ihm noch anderen Schaden verursacht — möchte ein wohlgearteter Mensch so grausam sein, dem Armen diesen einzigen Schimmer seines Lebens durch nüchterne Verneinung oder gar durch Hohn hinwegzubannen? Wenn ein Krummer auch einmal auf die Bergeshöhen hinauf gelangen, eine reinere Luft athmen und eine entzückende Aussicht geniessen möchte, werden wir nicht alle Erfindungen der Technik zu Hilfe rufen, um diesen Wunsch zu befriedigen? Oder werden wir ihm zurufen: Reine Luft und schöne Fernsicht sind nur für das grosse Verdienst der gesunden Glieder und der starken Beine, die sich selbst hinaufbringen können, bestimmt!? Und doch reicht niemand einem geistig krummen Menschen, der auch einmal hinauf möchte, hilfreich die Hand — ja es gilt vielmehr für gerecht, ja sogar für human, ihn vom ersten Abhang, den er mühsam erklommen hat, wieder hinunterzuwerfen.

Fürwahr unsere Humanität, die auf der einen Seite gegenüber den Armen und Gebrechlichen noch schwächlich genug ist, befindet sich auf der anderen gegenüber den geistig Schwachen, die auch einmal von den edleren Freuden des Lebens kosten möchten, noch ganz im Stande der Barbarei. Ich nehme mir vor, von nun an gegen Untalente und Halbtalente so mitleidsvoll, so schonend zu sein, wie gegen Kranke und Krüppel, die man auch nicht zurückweist oder brutal über ihren Zustand aufklärt, sondern denen man beisteht, wenn sie die Lebenslust der Starken und Gesunden zu theilen versuchen.

Aber leider, was vermag der beste Vorsatz eines bescheidenen Individuums gegen eine festgewurzelte und weitverbreitete Anschauung? Es wird mir immer in der Seele weh thun, dass man auf allen Gebieten, auf denen die Natur oder das gesellschaftliche Schicksal einen Menschen verkürzt hat, eine ausgleichende Kraft ins Spiel bringt, nur auf demjenigen nicht, auf dem die geistig Schwachen oder Ohnmächtigen sich in heisser, ungestillter Sehnsucht verzehren." — —

Ich war recht innerlich mit mir zufrieden, als ich so weit gekommen war. Vielleicht hätte ich übrigens noch eine Weile fortmoralisirt, wenn nicht eben der Mond sein verführerisches Licht in die Stube ergossen hätte. Ich löschte die Kerze, die ich mir zum Schreiben angebrannt hatte, um den vollen Zauber der hereindringenden Beleuchtung zu geniessen und trat ans geöffnete Fenster. Welch eine weiche Nacht! Ich habe wenig solche Nächte erlebt. Die frische und doch sanfte Luft that fühlbar wohl; sie umschmeichelte das Gesicht und strich an den

Schläfen wie die Berührung einer lieben Hand vorbei. In dem Walde, der nahe dem Hause mählig aufsteigt, wob das Mondlicht sein silbernes Gespinnst. Die Kronen der höchsten Tannen zitterten in seinem Glanz. Hier und dort bahnte sich die Lichtflut einen Weg bis zum Waldboden, bis zum Moose, das silbergrau erglänzte, und den herabgefallenen Nadeln, die wie Splitter von Edelsteinen schimmerten. Auf einige dünn bewaldete oder ausgerodete Stellen ergoss sich der volle Strom des Lichtes; da nahmen die Baumstümpfe und die kahlen Aeste die Formen abenteuerlicher Gestalten an. Ein bescheidenes Quellchen, das man tagsüber kaum bemerkte, sprang jetzt stolz, königlich für die Nachtgeister geschmückt, hervor. Stille lag auf dem Bilde; nur ein ganz leises, geheimnisvolles Weben zuckte durch die tiefen Schatten.

Nach einer Weile belebte es sich milde in der Nähe des Hauses. Ueber das Brückchen, welches das erste Stockwerk mit dem Walde verbindet, schritten zwei Gestalten, an deren Umrissen ich Herrn Erich und Frau Marie, die am Arme ihres Gatten hieng, erkannte. Sie lenkten auf den Waldweg ein, der in mässiger Höhe das Haus und die Terrasse entlang läuft, und wandelten da auf und ab. Nichts lag mir ferner, als die beiden Reisegenossen zu belauschen; aber die Staffage der Landschaft war äusserst angenehm, die beiden giengen zwischen dem Hause und einem Aussichtspunkt, einer Lichtung, hin und her. Bald verschwanden sie hinter den Bäumen, bald waren sie theilweise sichtbar, bald standen sie im vollen Glanze da. Frau Marie war liebreizender als je.

Das Mondlicht spielte auf ihren runden Wangen, wenn sie auf dem halbgedeckten Wege einhergieng, und malte schalkhafte Lichtbilder auf ihr graues Gewand; trat sie dann auf den freien Platz hinaus, so war sie ganz von bleichem Schimmer überfluthet und all ihre Anmuth erschien eigenthümlich durchgeistigt. Sie war weicher und ernster als am Tag und in ihren runden Augen war der Glanz erhöht. Ich wartete immer auf den Moment, in dem sie an die Lichtung gelangen musste, und so hörte ich ohne zu wollen, was die beiden in der stillen Mondnacht mit einander sprachen.

„Es wird vorerst genug sein," sagte der Dichter.

„Und das nächstemal kommt mehr, dafür lass nur mich sorgen; wenn es dir hier nur gefällt. Und es muss dir ja gefallen, es ist so herrlich schön. So ganz wie du es geschildert hast." Und sie sprach mit einer holden kindlichen Betonung:

> Wenn der Mond mit seinem Glanze
> Nächtlich durch die Wolken bricht,
> Leuchtet Mensch und Thier und Pflanze
> In geheimnisvollem Licht: —

„Weisst du," unterbrach sie sich plötzlich, „es ist auch ein Glück, dass wir den Herrn im Coupé getroffen haben. Du wirst sehen, er bleibt da und druckt alles, was du schreibst."

„Es wird mir schwer werden, ihn zu ertragen," hauchte Rauden schmerzlich hin.

„Ueberlass ihn nur mir! Er ist ein ganz guter Mensch. Er ist so leicht zu behandeln, wie Kleinchen. Wahrscheinlich schläft er auch jetzt, wie mein kleiner Liebling. Aber ein wenig nachsichtig musst du auch gegen ihn sein. Du sagst ja immer selbst, ohne die Zeitungsmenschen ist nicht durchzukommen."

„Ich werde darunter leiden, er ist sehr verschieden von mir."

„Aber Schatz, du darfst die Menschen nicht an dir messen wollen. Da könntest du ja gar keinen Verkehr haben."

Der Dichter hatte darauf nichts zu erwidern.

Eine Weile verstummten die Beiden.

„Hast du mich lieb?" klang es dann halblaut und doch kindlich hell aus den Zweigen hervor.

„Wenn du nur nicht immer fragen möchtest, was du schon weisst!"

Wieder eine Pause. „Eine herrliche Nacht!" jubelte es dann übermüthig froh durch das Laub. Sie hatten sich wieder einmal der Lichtung genähert und traten langsam hervor. Frau Marie war zärtlicher an den Gatten geschmiegt.

„Komm, hier wollen wir ausruhen," sagte sie auf die Bank deutend, die an dem Aussichtspunkte angebracht war. Sie nahmen Platz. „Schau, welche Pracht!" rief Frau Marie plötzlich mit unsäglicher Innigkeit aus, indem sie mit den Händchen in die Runde wies. Und dann, gleich darauf ganz unvermittelt, wie in überwallender Dankbarkeit: „Du guter, guter Erich!" Sie schlang die Arme um seinen Hals und er liess es sich, nachlässig vor sich hinblickend, gefallen. In ihrem hell erglänzenden Antlitz, das jetzt trotz des runden Näschens madonnenhaft wirkte, lag mehr als Liebe; Anbetung leuchtete aus ihren verklärten Augen.

„Die Grotte der Titania!" fuhr es mir über die Lippen.

In diesem Moment muss wohl ein rauher Luftzug die schöne, stille Nacht unterbrochen haben. Ich erinnere mich wenigstens genau, dass ich mit grosser Raschheit und Heftigkeit das Fenster zumachte oder vielmehr zuschlug. Zum Ueberfluss liess ich sogar das Rouleau herunter. Ich brannte die Kerze wieder an und gieng eine Weile heftig im Zimmer auf und ab. Dann läutete ich dem Kellner, erfragte, dass der nächste Zug gegen Norden um 11 Uhr nachts abgehe und gab den Auftrag, mein Gepäck nach dem Bahnhof zu bringen. Das Nothwendigste musste freilich noch erledigt werden. Auf dem Tische lag noch immer der Brief an den Redacteur mit der halbgeöffneten Spalte. Ich zog mein Schreiben und das Mondgedicht hervor. Das Schreiben kam mir sehr geschmacklos vor, und ich zerriss es in viele Stückchen. Das Mondgedicht las ich nicht mehr; ich wusste es bereits auswendig und bin es bis heute nicht los geworden. Ich legte es sorgfältig — sie sollte nicht sagen, dass ich die schönen Gedichte zerknittere — in ein Couvert, das ich mit der Adresse meiner Reisegenossen versah, und fügte eine Visitkarte mit einigen höflichen Worten hinzu. Dann überlas ich meine moralischen Erwägungen von vorhin. Ich fand nichts zu ändern. Nur ans Ende setzte ich in Schriftzügen, die noch etwas grösser und energischer sind, als die übrigen auf dem vergilbten Papier, die wenigen Worte:

„Es gibt doch eine ausgleichende Kraft auch für die Untalente und Halbtalente, für die Armen im Geiste und die Märtyrer des Anerkennungsdurstes und das ist — — die Thorheit der Frauen!"

Ein Klecks — die Federn in den Gasthäusern sind so schlecht — beschliesst sonderbarer Weise die Aufzeichnungen, aus denen ich die Erinnerung an meine kleine Reisebegegnung schöpfte.

Scheintodt.

Es war ein ganz abscheuliches Herbstwetter draussen. Der Wind heulte und ächzte in den Tannenzweigen, der Regen schlug prasselnd an das Fenster und ein grauer dichter Nebel hüllte die ganze Gegend undurchdringlich ein. Ich hatte mich gerade so auf die Rebhuhnjagd gefreut, denn mein alter Freund und Jagdgefährte, Clemens Paulowski, war von seiner Besitzung zu mir gekommen, um einmal wieder einen vergnügten Tag mit mir verleben zu können, und nun verdarb uns das Wetter den ganzen Jagdspass, — es war zu ärgerlich.

Wir sassen vor dem Kamin, stumm und trübselig ins Feuer starrend; Clemens kaute einen Cigarrenstummel zwischen den Zähnen und brummte zum hundertstenmale: „Hundewetter!" — ich stocherte mit der Feuerzange in der Glut und betrachtete melancholisch die herumstiebenden Funken.

„Solch elendes Wetter!" stiess Clemens nach

langem Schweigen endlich hervor; „noch nie zur Jagdsaison in meiner langjährigen Praxis mir vorgekommen! Und gerade heute — zu dumm!" Er war sehr verstimmt.

„Was willst du, mein Lieber, es ist mal so; ergib dich in dein Schicksal. Aber ich könnte nicht sagen, dass mir nie solch schlechtes Jagdwetter vorgekommen wäre; gerade der heutige Tag erinnert mich an eine Geschichte, die mir vor Jahren passiert ist und die ich nicht vergessen kann, so schaurig und schrecklich steht sie vor meiner Erinnerung. Willst du sie hören? Vielleicht vertreibt sie dir deine Langeweile?"

Clemens nickte.

„Erzähle nur zu — hoffentlich kein Latein. Du weisst, das liebe ich nicht!"

Er warf den Cigarrenrest weg, zündete sich eine frische Havannah an, wir streckten uns bequem in die Lehnstühle zurück und ich begann:

„Weisst du, alter Freund, dass ich, der ich so ruhig vor dir sitze, der Mitwisser eines Geheimnisses — eines Mordes bin! Erschrick nicht. Du wirst jetzt nicht zum schweigenden Complicen ernannt. Die Sache ist schon lange her, der Mörder, das heisst, die Mörderin, die unschuldig an ihrer grausigen That war — nicht wahr, das klingt paradox — ist irrsinnig, im Narrenhaus; ich bin jetzt der einzige lebende Mitwisser, denn der alte Radusiewicz ist schon seit acht Jahren todt.

Ich war also eines Morgens, bei ganz leidlichem, etwas windigem Wetter, auf die Jagd ausgegangen. Den ganzen Vormittag streifte ich ziemlich erfolglos umher, und, ärgerlich über mein Missgeschick, wollte ich schon den Rückweg antreten, als ich an der Waldeslichtung, die Büchse am Arme, meinen Gutsnachbarn und alten Bekannten, den Grafen Stanislaus Bednarzki — du kennst ihn ja, glaube ich — begegne.

Er klagte mir ebenfalls sein heutiges Jagdpech; nicht einen Schuss noch, nicht einmal den kleinsten Hasen oder ein ärmliches Rebhuhn! — Wir setzten uns am Waldessaume nieder, stärkten uns aus unseren Jagdtaschen, und er bat mich, vielleicht in sein Revier zu kommen, um gemeinschaftlich zu jagen. Ich acceptierte und wir strichen den ganzen Nachmittag umher bis zum Dunkelwerden, — ganz erfolglos. Es war, als wäre alles verhext gewesen!

Wir trennten uns mit dem Versprechen auf ein baldiges Wiedersehen mit besserem Waidglück, und jeder trat den Heimweg an.

Es war zwar erst sieben Uhr, aber schon so ziemlich finster, und zum Unglück fieng es plötzlich zu regnen an, so heftig, in so grossen Tropfen, dass bald die ganzen Wege durchnässt und kothig waren. Dazu senkte sich, zu meinem grössten Aerger, ein furchtbarer, dichter, nasser Nebel nieder. Das war nun eine schöne Bescherung! Ich hatte noch gute zwei Stunden Heimwegs und bei dem Wetter und diesem Nebel konnte sich ja die Stundenzahl verdoppeln.

Der Gedanke an einen Schnupfen und rheumatische Schmerzen reizte mich auch wenig, und ich jubelte innerlich auf, als plötzlich durch das Waldesdunkel mir zwei Lichter entgegenflimmerten.

Es war ein eigenthümliches, zuckendes, unruhiges Licht, soviel ich durch den Nebel ausnehmen konnte, und schien mir nicht ferne zu sein. Ich gieng also flott darauf los und in zehn Minuten — allerdings zehn Minuten Sturmschrittes, stand ich vor einem niederen ärmlichen Bauerngehöft. Ich dankte dem Himmel für die glückliche Fährte, klopfte an die braune Holzthür an, die sich bald knarrend öffnete, und vor mir stand ein grosser ältlicher Bauer mit finsterer Miene und frug nach meinem Begehren.

Ich sagte ihm meinen Namen, aber der Titel schien nicht soviel Eindruck auf ihn zu machen; erst als ich ihn bat, mir für einige Stunden, bis das Unwetter vorüber sei, einen Platz bei sich zu gewähren, nickte er und sagte:

‚Wenn's dem Herrn recht ist, soll er kommen, aber bewirten können wir ihn nur mit Brot und Speck, und ausserdem' — murmelte er düster — ‚wir haben eine Todte im Hause!'

‚Thut nichts, Alter; ich brauche nur einen kleinen Platz am Feuer, und für die Todte kann ich auch ein Vaterunser beten!'

Er gieng voran. Ich schloss die Thüre hinter mir, und folgte ihm in ein ziemlich grosses, niederes Gemach. Ein helles Feuer brannte in dem Ofen, wohlthuende Wärme umfieng mich. Ich sah mich in dem Gelass etwas um. Kein Licht, ausser dem Feuerschein, erhellte das Ganze. Es war eine weiss getünchte Bauernstube, Küche und Esszimmer zugleich. Ueber dem Kachelherde hiengen Schüsseln, Krüge, Töpfe, allerhand Kochgeräthe, sauber und blinkend;

auf dem Boden war weisser Sand gestreut und auf dem Tische stand eine Vase mit Astern.

In einer Ecke sass, wie ich jetzt bemerkte, eine Frau, die bei einer Stalllaterne in einer grossen Familienbibel, wie man sie häufig in alten Bauernhäusern findet, blätterte.

Sie achtete gar nicht auf mich, sondern las ruhig in der Bibel weiter, und murmelte einige Stellen halblaut vor sich hin.

Der Bauer richtete das Wort an sie: „Juźa — der Herr Baron von Schloss Zaków ist da; er will bei uns während des Unwetters weilen!"

Sie nickte, ohne mich anzublicken, und sagte: „Gott segne den panicz!" (Junger Herr.)

Der Bauer rückte mir einen schweren Holzstuhl zum Herd, brachte mir auf einer Schüssel Brot und Speck, was ich aber dankend zurückwies. Ich setzte mich zum Feuer, streckte meine durchnässten Stiefel vor und hieng meinen Rock über den Herd zum trocknen. Wir sassen alle drei eine Weile ganz stumm da. Dann frug plötzlich die Bäuerin: „Will der panicz nicht die oblubienica (Braut) sehen?"

„Sie meint die Todte, gnädiger Herr!" erläuterte der Alte. „Gewiss!" nickte ich.

Der Alte öffnete eine Thür und ich trat in ein schmales Zimmerchen, das von zwei Kerzen spärlich erleuchtet war. In der Mitte des Raumes stand ein schwarz angestrichener Holzsarg, einige Tannenreiser waren rings umher gestreut, und auf der Brust der Todten, eines jungen Mädchens von achtzehn Jahren, lag ein Kranz von Astern und weissen Beeren, wie sie im Herbste an den wilden

Sträuchern wachsen. Die Kerzen flackerten unruhig umher und warfen ein unbestimmtes Licht auf die Leiche des Mädchens, der Wind draussen heulte schaurig und pfiff durch die zerbrochenen Fensterscheiben, die nur mangelhaft mit Papier verklebt waren. Es war sehr unheimlich, dieses Todtengemach, und das Mädchen in dem weissen Sterbehemd und den Tüllschleier um den Kopf, sah wirklich eher wie eine Braut als wie eine Todte aus.

War es das unbestimmte Licht der Kerzen, oder meine eigene erregte Phantasie spiegelte es mir so vor — mir schien, als ob die oblubienica athme, als ob ihre Finger zuckten — — und ich war froh, als ich mein Vaterunser fertig gebetet hatte und das Todtenzimmer verliess.

In das Gelass zurückgekehrt frug mich die Bäuerin: ‚Ist sie nicht schön, meine Maryja, meine arme, kleine córka?‘ (Tochter.) Und dann las sie weiter in ihrer Bibel und murmelte laut die Worte vor sich hin.

Ich höre noch deutlich vor mir die Bibelstelle, die sie las: ‚Und siehe: es geschah ein grosses Erdbeben, denn der Engel des Herrn kam vom Himmel herab, trat hinzu und wälzte den Stein von der Thür und setzte sich darauf. Und seine Gestalt war wie der Blitz und sein Kleid weiss wie Schnee...‘ — — in demselben Augenblicke öffnete sich die Thüre des Todtenzimmers, und — ich schaudere noch jetzt, wenn ich daran zurückdenke — auf der Schwelle stand, leichenblass, in dem weissen Todtenkleide, die Hände mit dem Kranze fest an die Brust gedrückt, die Augen schaurig glänzend, weit aufgerissen, — der Geist — nein — die Leiche — das Mädchen selbst, das ich noch vor wenigen Minuten im Sarge liegen gesehen hatte! — —

Ich war aufgesprungen, jeder Ton war mir in der Kehle erstickt, die Glieder wie gelähmt. Der alte Bauer war zitternd in die Knie gesunken, nur die Bäuerin schrie grell und unheimlich auf.

„Jesus, Maria!" kreischte sie. Dann sprang sie wild und entschlossen auf, eine wahnsinnige Angst sprach aus ihren Zügen. „Alle guten Geister!" schrie sie, und mit einer wuchtigen Kraft schleuderte sie die schwere, eisenbeschlagene Bibel der Erscheinung zu.

Ein Seufzer — ein übermenschliches Stöhnen weckte mich aus meiner Schreckenslähmung. Die Erscheinung war zur Erde gesunken; wie eine steinerne Last ruhte die mächtige Bibel auf ihrer Brust. —

Der Alte kniete noch in der Ecke, zitternd und bebend, die Bäuerin stand an die Thüre gelehnt und murmelte wirr vor sich hin:

„Córka moya, — gołabecka moya, — kochanka oblubienica!" (Meine Tochter, mein Täubchen, süsses Bräutchen.)

Ich trat zu dem hingesunkenen Mädchen und ergriff ihre Hand. Sie war nicht warm, wie die einer Lebenden, aber auch nicht kalt wie eine Todtenhand — ich horchte nach den Herzensschlägen — das Herz stand still! Sie war also doch todt! — — Ich konnte das Räthsel nicht lösen! —

Da sah ich plötzlich, wie von der Stirne herab grosse, dicke Blutstropfen langsam und schwer über die bleichen Wangen sickerten! Eine grosse

Wunde klaffte in der Mitte der Stirne. Jetzt war mir alles klar. Das todtgeglaubte Mädchen war nur scheintodt gewesen; in ihrem starren Zustande eingesargt, war sie wieder erwacht, hatte entsetzt den schauerlichen Aufenthalt verlassen und war in das Zimmer getreten. Die abergläubische Mutter, sie für einen Geist haltend, hatte beschwörend die Bibel auf sie geworfen, und die eisernen Kanten hatten ihr die Todeswunde geschlagen, ihr, der Armen, die sich eben erst dem Leben wiedergegeben glaubte!

Ich kann dir gar nicht die Scene beschreiben, die jetzt dem Erkennen der grausigen That folgte. Der Alte schluchzte und jammerte, die Bäuerin warf sich weinend zur Erde, bald lachend, bald wild heulend.

Ich war der einzige, der dabei den Kopf nicht verlor. Ich wusch die Todte vom Blute rein, und als das Blut aufgehört hatte über die Stirne zu sickern, wand ich ihr den Schleier über die Stirne, drückte den Kranz auf die Wunde, und legte die Arme, dem Tode unerbittlich Geweihte, in den Sarg zurück. Die ganze Nacht blieb ich bei den Leuten; — ich werde diese schauerlichen Stunden nie vergessen.

Den nächsten Tag wurde das Mädchen begraben. Keiner ahnte, auf welch schreckliche Weise sie wirklich geendet hatte.

Die Bäuerin war wahnsinnig geworden und wurde nach J. ins Irrenhaus transportirt. Man nahm allgemein an, der Schmerz über den Verlust der Tochter habe ihre Sinne verwirrt.

Der alte Radusiewicz lebte noch einige Jahre.

Wir hatten uns ewiges Schweigen geschworen. Ich stand an seinem Todtenbett und drückte ihm die Augen zu.

An dem Hause aber kann ich nie ohne Grauen und Schaudern vorbeigehen, denn ich muss immer an jene Octobernacht denken, und das Bild der armen Scheintodten schwebt mir stets dabei vor."

Seelenwanderung.

Zwei Seelen, die vor dem Throne des Ewigen gerichtet worden und verurtheilt, noch Jahre in den qualvollen Flammen des Fegefeuers zu schmachten, ehe sie zu den paradiesischen Freuden des Himmels eingehen durften, flogen Hand in Hand durch das goldene Himmelsthor hinaus, die grauen Wolken durcheilend, dem Mittelpunkte der Erde zu.

Dort liegt die Vorhölle, und sie mussten dahin eilen, um all ihre Erdenschuld abzubüssen, ehe sie wieder fleckenlos durch den Himmel wandeln durften. Die beiden Seelen waren jung und schön, sie waren gestorben, ehe noch der hässliche Hauch des Alters ihre Stirne berührt hatte; beide waren am gleichen Tage von der Erde geschieden mit gleich grosser Sündenlast auf dem Herzen, und zusammen mussten sie die ewigen Bahnen durcheilen.

So flogen sie schweigend durch den Wolkenpfad dahin. Ihre weissen Gewänder flatterten phantastisch, sie glichen selbst nur Wolken, so stumm, pfeilgeschwind glitten sie vorüber.

Da sprach die eine Seele zur anderen: „Schwester, bald kommen wir zu unserer einstigen Wohnstätte, zur Erde, zu der hässlichen, sündigen Erde, die uns, als wir noch lebten, so sonnig erschien! — Ich bitte dich, Schwester, da wir zusammen wandern müssen, komm mit mir noch einmal zu meinem Hause, an ein Fenster, wo das Liebste wohnt, das ich dort unten besessen. Ich will nur kurze Zeit verweilen, dann will ich mit dir unsere Reise zur Busse antreten."

Die andere Seele sprach: „Gerne erfülle ich dir deine Bitte, doch wollte auch ich noch ein theures Wesen sehen und segnen, das ich dort gelassen, und da sich unsere Wege dann wohl trennen, kann ich nicht mit dir. Lass mich allein ziehen! Wir finden uns wieder auf unserem Reisepfade!"

Und sie flogen weiter, denn der Weg zur Erde war noch lang, noch nicht erreicht.

Da frug die eine: „Schwester, sage mir, wer warst du wohl dort unten? Warst du glücklich, warst du geliebt?"

„Ich bin," sprach die eine, „in meinem Erdenwallen eine stolze, vielbeneidete Herzogin gewesen. Man sagte, dass ich schön sei; ich war reich, glücklich — und liebte meinen Mann von ganzer Seele! Doch ich war zu stolz auf mein Los und mein Glück — ich wiegte mich in sicherer Glückseligkeit! Da sandte mir Gott eine schleichende, heimtückische Krankheit, und ich siechte dahin, bestraft ob meines frevlen Stolzes! — Und was warst du, Schwester? Erzähle mir auch von deinen Erdenleiden!"

„Ich," begann die zweite, „ich war nur ein armes, einfaches Mädchen. Man sagte auch mir, dass ich schön sei, am meisten aber sagte mir es einer, den ich liebte — von ganzer Seele liebte. Doch ich durfte nicht zu ihm aufblicken, denn er stand hoch über mir, er war unerreichbar für mich! Und da bin ich eines Tages doch sein geworden, sein geworden in Sünde. Aber der Himmel war gnädig, er nahm mich und mein Kind zu sich — und nun wandere ich, um meine Schuld zu büssen!"

„Arme Schwester!" schluchzte die andere Seele, denn dort oben hört alle Strenge, alles Vorurtheil auf. Die Herzogin und die Sünderin waren eins, durch den Tod gleichgestellt, durch das Urtheil eines Höheren in Liebe und Mitleid verbunden.

So waren sie denn bis zur Erde gekommen.

„Lebe wohl, Schwester!" rief die eine. — „Auf Wiedersehen!" hallte die andere zurück.

Mit Geisterflug durchmassen sie die Welt, jede auf ihrem Wege; über Thäler, Berge, über Wälder und Auen flogen sie dahin.

Da endlich vor den Thoren einer grossen Stadt hielt die eine.

„Bist du hier, Schwester?" rief ihr die andere Seele entgegen. „Siehe, wie wunderbar sich unsere Lebenswege zusammenfinden! Du lebtest in derselben Stadt?"

„Ja," nickte die Seele der Herzogin, „auch ich lebte hier!"

Und sie flogen gemeinschaftlich über die mondbeschienenen Dächer der Stadt hinweg, das Haus suchend, das für jede ihr Liebstes beherbergte.

„Lebe wohl, Schwester," hauchte die eine, „da ist es, was ich suchte!"

Sie eilte auf einen schönen Palast zu, dessen prächtige Kuppeln stolz zum Himmel ragten. „Hier wohnt er, mein Geliebter, der Vater meines todten Kindes, — er, für den ich lebte, liebte und starb!"

„Halt ein!" rief die andere Seele, „halt ein, Schwester; das ist mein Haus, mein Palast und mein Gatte, mein heissgeliebter Gatte wohnt hier; zu ihm bringe ich den letzten Gruss des büssenden Weibes!"

Da sahen die Seelen sich in die Augen und erkannten, dass sie denselben Mann auf Erden geliebt hatten, dass sie büssten für dieselbe Liebe, für die gleichgenossene Liebeslust, und schweigend eilten sie davon, sich in einem schmerzlichen Kusse umfangen haltend, sie, die auf Erden so weit und so nah von einander gleich beglückt gewesen und vereinigt jetzt litten!

Die Galerie der Freundinnen.

„Angèle, gestatte, dass ich dir Frau von Kettschoff vorstelle."

Die so Angeredete nickte lächelnd der kleinen, diamantenübersäeten Russin zu, die mit ihrem Gatten vor ihr stand, reichte ihr die Hand und wies auf den Platz zur Rechten.

„Freut mich sehr, Sie kennen zu lernen, meine Liebe. Sie sind wohl nur kurze Zeit in Paris, noch nicht ganz heimisch in der Gesellschaft?! — Wie gefällt es Ihnen bei uns?"

Wera von Ketschoff, die Frau des russischen Militär-Attaché, liess sich zu Seiten der Gräfin Bois-Sillin nieder.

„O chère comtesse," begann sie mit einer melodisch klingenden Stimme, die durch den fremdländischen Accent einen eigenen Timbre erhielt, „ich fühle mich hier unendlich wohl! Man begegnet uns mit so viel Freundschaft und Sympathie! Ich habe schon ganz auf die Salons Saint Petersbourgs vergessen, seitdem ich das Glück hatte, in der Pariser Gesellschaft mit offenen Armen empfangen zu werden."

„Hübsche, liebenswürdige Frauen werden bei uns immer gerne gesehen, besonders wenn Sie das Glück haben, Ihrer geistreichen Nation anzugehören! Ich hoffe, ich habe bald das Vergnügen, Sie bei uns zu sehen — ich empfange jeden Mittwoch von 7 Uhr nachmittags bis 10 Uhr."

Sie war wirklich eine hübsche Frau, die kleine Wera! Mit ihrem echt russischen Typus, dem matten Teint, den mandelförmigen, glänzenden dunklen Augen, den kirschrothen Lippen und der kleinen geschmeidigen Gestalt schien sie neben der bedeutend älteren Gräfin Bois-Sillin wie eine Knospe neben der vollaufgeblühten Rose. Sie war selbst noch eine schöne Frau, die Gräfin, gross, schlank, ernst —

stets dunkel gekleidet. Sie war Philosophin, Sophistin und hatte in der Pariser Gesellschaft den Spitznamen „Comtesse Protagoras" bekommen. Ihr Salon war einer der berühmtesten zur Zeit, und man rechnete es sich als Ehre an, zu ihren „Mercredi des Intimes" zugezogen zu werden.

Warum sie die kleine Wera Kettschoff so schnell in ihren Kreis aufnahm? — mein Gott, sie war eben eine Frau von Geist und wusste, was sie that.

Wenn ihr eine Dame von Daniel vorgestellt wurde, so hiess es gerade soviel, als wenn er direct erklärt hätte: „Angèle, ich stelle dir hiemit meine neue Freundin vor. Ich wünsche, um jedes Gerede zu vermeiden, den Schein möglichst zu wahren und um mich am bequemsten dabei zu befinden, dass du sie mit anderen Frauen zugleich empfängst!"

Zugleich mit den vielen anderen Frauen der Gesellschaft, die abwechselnd seinem Herzen nahe gestanden waren. — —

O, sie war daran gewöhnt worden im Laufe der vielen Jahre, die sie als ältere Gattin an der Seite des jungen hübschen Lebemannes, Daniel Bois-Sillin, verbracht hatte. Anfangs hatte sie sich dagegen gewehrt, geweint, durch Scenen sich erzwingen wollen, was sie nicht durch Bitten und Thränen erreichen konnte, — dann aber hatte ein Blick auf die Rivalin und ein aufrichtiges Spiegelbild sie belehrt, dass sie früher die Consequenzen hätte erwägen sollen, und stumm, lächelnd hatte sie sich darin ergeben, unter ihrem Dach diejenigen zu sehen, die ihr das raubten, auf was sie allein Anrecht hatte — die Liebe ihres

Gatten! Sie hatte dann halb lächelnd, halb weinend sich Sophismen hingegeben — Trugschlüssen, — die ihr Leben ausfüllen sollten.

Sie wusste es ganz bestimmt: diese Wera Kettschoff ist die zweiundzwanzigste Geliebte meines Mannes! Sie führte genau Register über seine Untreue, und in ihrem Boudoir lag ein kostbares Album, das der Reihenfolge nach, numeriert, mit Namen und Unterschrift, die Bilder der verschiedenen Frauen trug, die ihr das Glück geraubt hatten. Aber sie hatte den Muth zu lächeln und diese Sammlung schöner Frauenköpfe „die Galerie meiner Freundinnen" zu nennen.

Gräfin Bois-Sillin neigte sich zu Wera. „Apropos, liebe Freundin, bitte, bringen Sie mir gleich Mittwoch eine gute Photographie von Ihrer hübschen kleinen Person mit. Ich sammle die Köpfe schöner Frauen in ein Album, das die ‚Galerie meiner Freundinnen' genannt wird. Ich hoffe, Sie wollen zu diesen zählen."

Während Wera an Daniels Arm durch den Saal zurückschritt und er sie flüsternd frug: „Wie gefällt dir meine Frau?" antwortete sie: „Drôle de femme — sie bat mich gleich um mein Bild."

Der schöne Mann zuckte zusammen und mit einem Zug von Mitleid um den Mund murmelte er: „Armer Protagoras!"

Hymens Mission.

Zur Zeit, da die Götter noch den Olymp bevölkerten, im goldenen Zeitalter, da von den Höhen aus gerecht die Gaben an die Menschheit vertheilt wurden — als noch die Liebe und das Glück eins waren im Menschenherzen, wandelten in den paradiesischen Gärten Amor und Fortuna Hand in Hand. Da fanden sie nun eines Tages die kleine Pforte, an der Hymen als Wächter aufgestellt war, weit geöffnet. Der hatte schlafend seiner Pflicht vergessen und Amor und Fortuna sahen sonnenumglänzt die Wege zur Erde vor sich liegen.

Fortuna, das Mädchen — die Neugierige sprach: „Wie wäre es, wenn wir den himmlischen Aufenthalt verliessen und selbst unsere Gaben zur Erde brächten? Sieh, wie schön der Erdenweg ist, so glänzend, so lockend! Komm, Amor, lass uns zu den Menschen eilen. Die werden uns jubelnd empfangen, wir werden gefeiert und glücklich sein. Komm, komm, — entfliehen wir schnell, eh' Hymen erwacht und die Pforte wieder verschliesst."

Amor zögerte, er wäre lieber im Paradiese geblieben und so sagte er: „Ich glaube, wir thäten klüger im Himmel zu bleiben, die Erdenpfade sind uns unbekannt — wir würden vielleicht den Weg verfehlen! Und wie sollen wir unsere Gaben vertheilen? Wir wären am Ende nicht gerecht — denn du würdest den hübschen Knaben, ich den schönen Mädchen zu gerne hold sein und die strenge Göttin Justitia würde ob unseres Thuns zürnen! Lass uns lieber hier bleiben."

Fortuna aber meinte: „Wenn wir schon einmal auf Erden sind, so werden wir der strengen Göttin Justitia längst aus den Händen entschlüpft sein, und damit du nicht glaubst, ich wolle nur den Knaben hold sein — hier — binde mir die Augen mit meinem goldenen Tuche zu. Die Erde ist so hübsch, so lachend und fröhlich — komm, lass uns zu den Menschenkindern eilen."

Amor liess sich von den Bitten Fortunas bethören und sie schlichen zur Paradiesespforte hinaus.

Fortuna band Amorn die Augen mit ihrem rosafarbenen Bande zu und beide eilten blind, auf getrennten Pfaden die glatten Wege zur Erde hinab.

Als Fortuna zur Erde kam, strömte ihr die Menschenmenge jubelnd entgegen, und mit freigebiger Hand streute sie ihre goldenen Gaben aus! Alles zog ihr nach in Anbetung und Jauchzen!

Amor war unterdessen auch zur Erde gekommen, lächelnd seine Rosen streuend und Pfeile versendend und frohen Muthes zog er durch die einsamen Erdenstrassen dahin, ein blinder Spender, blind seine Gaben verschwendend, die unbeachtet am Wegesrand verstaubten.

Als er eines Tages müde seinen Weg zog, dachte er bei sich: „Wie kommt es, dass die Erde, die Fortuna so lachend und fröhlich schilderte, so stumm und lautlos ist? Wie wäre es, wenn ich mir die Binde von den Augen nähme und die Welt einmal mir genauer ansähe. Kein freundlicher Zuruf begrüsst meine Gaben, keinen süssen Schmerzensruf entlocken meine Pfeile rosigen Mädchenlippen, kein verliebter Seufzer dringt zu meinem Ohre! Geht die Welt so achtlos und blind an mir vorbei, weil sie selber blind wie ich, so will ich mir die Binde von den Augen nehmen und die thörichten Menschen ersehen."

Er riss das Rosenband von den Augen, — doch ach — was bot sich seinen geblendeten Blicken! Rings um ihn waren die Wege öde und leer, kein Menschenkind zu erblicken; die Rosen, die er am Wege gestreut, lagen welk und verachtet da, keine Hand hatte sie aufgehoben, die Pfeile lagen stumpf und gebrochen im Sande. Erschrocken sah Amor um sich und Thränen traten ihm in die Augen.

„Fortuna, Schwester," rief er, „warum hast du mich verlassen? Wo weilst du? O komm, lass uns die hässliche Erde verlassen und zum Olymp zurückkehren!" Und Amor eilte Fortuna zu suchen.

Lange, lange war er durch Städte und Dörfer, durch Wiesen und Wälder gewandert, als er endlich in der Ferne eine Staubwolke aufwirbeln sah. Unter Jubel und Freudenklängen eilte eine tolle Menschenmenge heran, in ihrer Mitte eine hübsche, geputzte Dirne, die, umringt von Männern und Weibern, Kindern und Greisen, unter Blumenkränzen und Trompetenschall einherzog.

„Fortuna — Fortuna," rief alles unter wirrem Schreien, und Amor erkannte entsetzt in der tollen Dirne seine Schwester Fortuna!

Sich durch die Volksmenge drängend trat er vor das Mädchen hin: „Schwester, geliebte, verirrte Schwester," bat er, „komm wieder mit mir, lass die bösen Menschen, eile reumüthig zur Göttin Justitia!"

Aber die Menge toste und schrie: „Wer ist der kecke Wicht, der es wagt, mit unserer Göttin zu reden? Hinweg mit ihm!" Und sie rissen den armen kleinen Amor aus ihrer Mitte, zausten ihn an den goldenen Locken, rupften seine schneeigen Flügel, brachen die goldenen Pfeile in seinem Köcher und zogen wieder johlend davon, Fortuna in ihrer Mitte.

Amor sass weinend und klagend am Wege. O, wie es ihn reute, das Paradies verlassen zu haben! Er sammelte nun seine zerbrochenen Pfeile in den Köcher und trabte traurig den Weg hinauf zu den himmlischen Höhen. Als er oben angekommen war, klopfte er bescheiden an die Pforte.

„Wer da?" rief es ihm von innen entgegen. Amor erkannte die Stimme des Wächters.

„Ach, lieber Hymen, ich bin es, lass mich wieder ein in das Paradies!"

„Ach, du bist es, Amor," seufzte Hymen, „nein, ich darf dich nicht wieder einlassen — nun musst du für ewig draussen bleiben!"

„Ich bin ja so hart genug ob meiner Flucht bestraft — o lass mich wieder zu dir in den Olymp," flehte Amor. „Sieh, ich komme ganz allein, ohne Schwester Fortuna, der gefällt es zu gut bei den Menschen, sie ist umringt und gefeiert, — mit mir ist man aber hart verfahren, mich haben sie geschlagen, die bösen Menschen, ich bin müde und verwundet — o lass mich zu dir ein!"

Hymen zögerte noch, aber endlich liess er sich erweichen, öffnete die Pforte, und Amor huschte in das Paradies zurück.

Wie er aussah! Hymen dauerte der arme Kleine — die Locken waren bestaubt, sein rosiges Antlitz vergrämt, die Aeuglein verweint, die Flüglein beschädigt, die Pfeile stumpf und zerbrochen. — — Schluchzend erzählte er sein Erdenwallen.

"Wenn nur Fortuna hier wäre," jammerte er, "dann wollte ich gerne meine Strafe und mein Leid tragen, aber ohne sie wird es mir selbst im Himmel traurig und öde sein." Und Amor begann wieder zu weinen und nach der Schwester zu seufzen.

Hymen hatte ein gutes Herz und fühlte tiefes Mitleid mit Amors Schicksal. "Armer Amor, ich will dir helfen," tröstete er ihn, "ich will versuchen zur Erde zu wandern, Fortuna zu suchen, sie zu bekehren und zu uns zurückzuführen. — Walte du indes des Pförtneramtes, ich bringe dir bald das Schwesterlein!"

Amor fiel dem guten Hymen um den Hals. — "Wie gut, wie edel du bist," dankte er unter Thränen. "Ja, geh die Böse suchen, ich werde getreulich dein Amt versehen!"

Hymen gab Amorn die Schlüssel und eilte zur Erde hinab.

Amor sitzt noch heutigen Tages, die Pforte des Paradieses hütend, und Hymen wandelt, Fortuna suchend, durch die Welt.

Entre les deux.

Ich hatte mich eigentlich wieder recht gelangweilt diesen Abend! Immer dasselbe Lächeln, dasselbe Grüssen, die alten Phrasen und Complimente. Die grosse Welt ist ein Narrenhaus, und eine Soirée ein Freiabend für die Narren, die geputzt, in Schmuck und Glanz bei elektrischem Lichte sich tummeln dürfen! Ich ärgerte mich über mich selbst, dass ich noch Einladungen annahm, mitwirkte im Narrenspiel, selbst die Schellenkappe schwang. Aber man muss ja mitthun, wenn man als ein Mann von Welt gelten will, wenn man zweiunddreissig Ahnen aufzuweisen, über zweimalhunderttausend Francs Revenuen zu verfügen hat, noch unverheiratet und sechsunddreissig Jahre alt ist.

Ich schickte meinen Wagen fort und schlenderte langsam die Boulevards entlang. Ich hatte entschieden meinen philosophischen Tag, alles schien mir leer, öde — ich war unendlich gelangweilt.

Die Strassen waren ziemlich leer, wenige Wagen rollten vorüber, es war empfindlich kalt, und Paris, die Stadt des Lachens, der Wärme, des Lichts, schien mir in Langeweile erstarrt zu sein.

Ich bog in die Avenue de l'Opéra ein. Vor Bignon standen einige Wagen; ich weiss nicht warum, ich trat ein, und da unten einige Damen der Oper mit ihren Collegen ziemlich geräuschvoll soupierten, liess ich mich die schmale Stiege hinauf in ein cabinet particulier führen.

Ueber den Gang sah ich zwei Gestalten kommen: eine grosse blonde Dame, in einen langen Mantel gehüllt, — ich bemerkte, dass sie sehr verweinte Augen hatte — ein Herr, in dem ich Gaston Ducroix, einen der beliebtesten jungen Maler, erkannte. Ich drückte mich discret zur Seite — und das Paar verschwand.

Man öffnete mir die Loge, aus der das Paar soeben getreten war, die Kellner räumten eilig ab und ich bestellte dem Maître d'hôtel ein reichliches Souper.

Ich war doch etwas aufgeheitert.

In einem cabinet particulier weht immer ein eigenthümlicher, auf die Nerven wirkender Duft von Frauenhaar, von Parfüm, aus den Tapeten kichern kleine Kobolde, als wollten sie erzählen, was sie gesehen und gehört; und dann beschäftigte mich der Gedanke, wer wohl die hübsche Blondine gewesen sein mag, und warum dieser Teufelskerl Gaston so früh diesen Zufluchtsort verlassen, warum sie verweinte Augen hatte... mich intriguierte es plötzlich sehr, und ich fand den Schluss meines Abends entschieden erträglicher als den Anfang.

Wo hatte ich denn Gaston zuletzt gesehen? — Ah, richtig, ich sah ihn ja vor einer Stunde in derselben Soirée. Mit wem sprach er da? — Ja — mit Madame Sévérine. Ist die blond? — nein, brünett — — und dann plötzlich erinnerte ich mich an eine Melodie, an ein Lied, das Madame Sévérine gesungen hatte — ah — welch komischer Gedankengang — — das Lied sang sie neulich bei dem five o'clock der Gräfin N...... Und die Melodie summte mir in den Ohren: „Gaston mon amant, veux tu venir demain?" Das Lied ist ja so en vogue, — wer sang es denn noch — — — ich verfolgte jetzt obstinat einen Gedanken — ah meine kleine Cousine singt es — ja — und — und die grosse Blonde tauchte vor mir auf — Helène d'Hervigny — die Soubrette an der Komischen Oper — dass ich sie nicht gleich erkannt habe. — Gaston hat Glück — sie liebt ihn also...

Dann erinnerte ich mich plötzlich an einen Tag im vorigen Frühjahr — die Eröffnung des „Salon". Ich sah das Bild vor mir, das Gastons Ruf begründet hatte; zwei reizende Frauenköpfe, Fantasiebilder, eine Brünette und eine Blonde. „Entre les deux mon coeur balance," hatte der kecke Künstler es benannt. Erst jetzt fiel es mir auf: Clémence Sévérine — Helène d'Hervigny. Glücklicher Gaston!

Unterdessen servierte man mir mein Souper. Ich muss gestehen, ich langweilte mich nicht da alleine, zwischen den vier Wänden, mit meinen Gedanken, die einer Liebesintrigue auf der Spur waren. Wer war wohl die glücklichere Geliebte, die Weltdame oder die Schauspielerin? Ich suchte nach des Räthsels Lösung und blickte nachdenklich vor mich nieder. Da sah ich ein zerknittertes Papier liegen. Mechanisch griff ich danach. Es waren zwei kleine blaue Depeschen — „petits bleus" — die von nervöser Hand zu einem Ballen Papier zerknittert da lagen — man sah die Eindrücke von kleinen spitzen Fingernägeln — ich öffnete sie neugierig, glättete sie und las:

„Monsieur Gaston Ducroix
Rue Pierre Charon 22.
Gaston mon amant, veux tu venir demain?
La brune."

und die zweite enthielt dieselben Worte, gezeichnet
— „la blonde". —

Sie trafen sich auf einem Felde, die beiden
Damen, die der Welt und die der Halbwelt, dieselben Worte, dieselben Gedanken, dieselbe Liebe —
derselbe Mann.

Und er? Welche liebte er wohl? — Entre les
deux son coeur balance.

HEINRICH TEWELES.

Das Kind.

I.

„Gnä' Frau! Gnä' Frau! Eine Depesche!"

Mit einer rothen Hand, die noch vom Seifenschaum des Waschtroges triefte, reichte das Dienstmädchen das Telegramm herein.

Sie blickte von der Leinwand auf, an welcher sie eifrig genäht hatte, und liess die Hände in den Schoss sinken. Die Wangen hatten sich entfärbt, und die dunklen Augen starrten ins Leere, als wäre ein Schreckgespenst vor ihnen erschienen.

„Der Empfangschein soll unterschrieben werden," fügte das Dienstmädchen nach einer Weile hinzu.

Sie erhob sich wie aus einem Traum und gieng mit wankenden Schritten in das Zimmer nebenan, wo der Schreibtisch stand. Sie beugte sich nach dem Schreibzeug suchend nieder und musste plötzlich die Tischkante anfassen, sonst wäre sie umgesunken. Ein Krampf zog ihr gegen das Herz, dass sie sich rasch wieder aufrichten musste. Endlich ergriff sie einen Bleistift, unterschrieb, trat wieder in das erste Zimmer zurück und reichte dem Mädchen den Empfangschein. Das Mädchen wollte gehen.

„Warte!" sagte sie mit klangloser Stimme. Sie suchte in ihrem Geldtäschchen und zog einen Sechser hervor. „Gib das dem Boten."

Das Mädchen gieng, sie blieb mit dem Telegramm allein und sank wieder auf ihren Stuhl. Sie wusste, was die Depesche ankündigte, — warum war sie so erschrocken? Sie hatte es ja erwarten müssen, hatte es in manchem Augenblick herbeigesehnt — was jagte ihr jetzt das Blut so zum Herzen und wieder in alle Adern zurück, dass sie meinte, jetzt, jetzt springt das Herz entzwei und ergiesst seinen Lebensinhalt in die schmerzende, qualerfüllte Brust, und alles hat ein Ende, die Furcht und die Reue, die Angst und Pein!?

Und wenn das Telegramm doch anders lautete? Wenn ihr noch eine Frist gegönnt wäre? Wozu die Frist? Nein, nur um alles in der Welt nicht länger allein, nicht allein mehr!

Sie schauerte zusammen und schlug die schmalen, eiskalt gewordenen Hände vor das Gesicht, vor die Augen, wie um das Bild in Nacht zu hüllen, das vor ihnen aufstieg.

Als sie wieder aufblickte, sah sie noch das Telegramm vor sich auf dem Tische liegen. Sie erbrach es und las: „Komme Abend. Jacques."

Es hatte nicht anders lauten können.

Sie strich sich das schwarze Haar aus der Stirne, dessen sanft gewellte Scheitel ein wenig in Unordnung gekommen waren, und stand auf, um in die

Küche zu gehen und dem Dienstmädchen Anordnungen wegen des Nachtessens zu ertheilen. Dann kehrte sie in das Zimmer zurück, nahm den Mantel, der an einem Kleiderrechen hieng und zog ihn über das einfache graue Hauskleid an, das bei aller Sauberkeit doch schon die Spuren längeren Gebrauches trug. Sie setzte den Hut auf und band ihn fest, dann liess sie sich wieder auf ihren Sessel nieder, die Augen auf die Pendeluhr gerichtet, deren Zeiger auf sieben wiesen. Langsam verstrichen die Minuten, und doch wünschte sie nun wieder, dass jede zur Ewigkeit werde.

Vergebens suchte sie sich zu sammeln und ihre Gedanken auf die eine Frage, auf den einen Entschluss zu richten: Was soll ich ihm sagen? Wie soll er es erfahren? Denn jetzt musste ja endlich der Entschluss gefasst werden, das eine war ja nicht lange mehr zu verheimlichen.

Sie stöhnte laut auf. Nein, nein, nie! Dein ganzes Leben war eine Lüge — weiss er davon? Und könnte er's verstehen?

Die Uhr schlug halb acht. Sie richtete sich zitternd auf, verliess das Zimmer, rief dem Dienstmädchen zu: „In einer halben Stunde, Lisi!" und trat aus dem Haus und auf die Strasse.

Es dämmerte schon, die Gassen waren belebt von Leuten, die aus dem Geschäft, von der Arbeit eilten, und von Spaziergängern, die noch vor dem Nachtessen frische Luft geniessen wollten. Sie kam durch die langen, breiten Strassen des Hauptverkehres vor die Stadt hinaus, durchschritt eilends den Stadtpark, wo mancher Spaziergänger der alleingehenden Frau nachblickte. Noch ein paar Schritte quer über die Landstrasse, und sie war auf dem Bahnhof.

In fünf Minuten musste der Zug kommen.

Sie stellte sich mit anderen Wartenden vor eine der hohen Glasthüren, die auf den Perron hinausführten, und blickte durch die Scheiben auf die von hundert Gleisen durchzogene und durchquerte Fläche hinaus, wo Menschenhände mit Kolossen spielten. Waggons wurden hin und her verschoben, Locomotiven fuhren pfeifend und zischend von einem Gleis aufs andere, rückten bis in den Tunnel hinein, der rechts gleich hinter dem Bahnhofe begann und sich unter der Vorstadt hinzog.

Aus diesem Tunnel musste der Zug kommen, den sie erwartete. Aus diesem schwarzen, räthselhaften Schlund musste bald das Pusten und Donnern der Locomotive hervortönen und diese selbst mit ihren rothen Laternen wie mit feuerschnaubenden Nüstern hervorschiessen. Und war das alles so sicher und wohlgeordnet, dass kein Unglück geschehen konnte? Ganz unerwartet, nahe dem Ziel, in dem dunklen Tunnel! Wie manches Leben, das gleichsam auf fest vorgebauter eherner Bahn dahingleitet, wird plötzlich aus dem Gleis geworfen und zertrümmert und vernichtet!

Aber schon ertönte die Glocke, und langsam, mit ruhiger Majestät lenkte der Zug in die Halle ein. Die Schaffner öffneten die Thüren, Gepäckträger drängten sich an die Coupés. Das Auge der Frau flog suchend von einem Waggon zum andern.

Dort! Dort kam er.

II.

Ein Mann in einfachem Reiseanzug, eine Seidenkappe auf dem kurzgeschnittenen, an den Schläfen schon spärlichen Haupthaar, stieg aus einem Coupé zweiter Classe und zog von dem Boden desselben seinen um Stock und Regenschirm gewickelten Plaid, eine lederne Hutschachtel und einen grossen Waterproof-Koffer, der mit eben so vieler Mühe herausgeschafft wurde, als es gekostet hatte, ihn im Coupé unterzubringen. Den Koffer übergab er einem Gepäckträger, dann schritt er rasch dem Ausgange zu.

Seine Frau machte einen Schritt vor.

„Ah, Auguste! Grüss dich Gott!" Er küsste sie flüchtig neben dem wunderbar kleinen Mund auf die Wange. In der einen Hand den Plaid, in der anderen die Hutschachtel, war es ihm unmöglich, seine Frau zu umarmen.

Sie ergriff die Hutschachtel und schob ihren zitternden Arm leicht unter seinen. Mit schnellen Schritten eilte er rücksichtslos durch das Gewühl der Menschen, seine Frau nach sich ziehend. Erst draussen mässigte er seine Eile, um auf den Gepäckträger zu warten und ihm seine Adresse zu geben.

Die Lohnkutscher umstanden den Ausgang des Bahnhofs. „Droschke!" schrieen sie. „Fiaker hier!"

„Es ist ganz angenehm, zu gehen, wir brauchen keinen Wagen," sagte er zu seiner Frau. „Ich fahre ohnehin schon sieben Stunden, das rüttelt einen gehörig durch."

Sie giengen denselben Weg zurück, den die Frau vorhin genommen hatte.

„Hunger hab' ich," nahm der Mann wieder das Wort.

„Hast du denn in Gmund nichts gegessen?"

„Das schlechte Zeug! Dass ich mir 'n Magen verderb'! Ich hab' mich auch auf der ganzen Tour nicht gut befunden."

„Du hast mir nichts davon geschrieben."

„Wozu? Hätt'st du mir geholfen?"

„Wenn du nur das Reisen aufgeben wolltest!"

„Und wovon sollen wir leben? Ich kann mir keinen Reisenden halten, das trägt mein Geschäft nicht. — Und wie is' dir gegangen in den zwei Monaten?"

Endlich hatte er auch eine Frage für sie. Sie zuckte zusammen.

„Mir? Du weisst ja, immer gleich. Ich komme wenig aus dem Haus, zu uns kommt auch niemand, es war sehr still."

„Warst du nicht im Theater? Die Wolter war ja hier!"

„Ja, einmal war ich."

„Schön gewesen?"

„Sehr schön."

„Ich hab' sie noch gestern in Wien geseh'n."

„Ja, du hast häufig Gelegenheit."

„Was soll man am Abend anfangen?"

Sie kamen zuhause an. Der kleine Tisch vor dem Sopha war schon gedeckt, die Lampe bereits angezündet. Bald kam auch der Gepäckträger und pflanzte den Koffer mitten ins Zimmer. Jacques öffnete den Koffer, und in wenigen Minuten war die Ordnung der Stube auf das gräulichste gestört.

Schmutzige Wäsche, Kleider, Musterpäckchen — alles flog durcheinander nach rechts und links.

„Willst du nicht lieber erst etwas essen, Jacques?" fragte Auguste.

Das Dienstmädchen hatte eine Schale Suppe und eine Schüssel Fleisch auf den Tisch gestellt.

Er gab keine Antwort und thürmte den ganzen Inhalt des Koffers heraus — es war unglaublich, wieviel in den geduldigen Koffer hineingepresst worden war. Als er endlich fertig war, trat er ins Nebenzimmer, um sich Hände und Gesicht zu waschen, kehrte sogleich, das feuchte Gesicht im Handtuch reibend, wieder zurück, dann zog er Rock und Stiefel aus, schlüpfte in seine Hausschuhe und setzte sich in Hemdärmeln zum Essen aufs Sopha. Auguste sass ihm gegenüber, das Gesicht hinter der Lampe verborgen.

„Ah!" sagte er, nachdem er die Suppe laut schlürfend ausgelöffelt, „es ist doch zuhause am besten! Du weisst gar nicht, was das für ein Gefühl ist, wenn man ein paar Monate in der Fremde herumfährt von einem Nest zum andern und von einem Gasthaus ins andere. Alles ist schlechter —" er nahm ein Stück Fleisch von der Schüssel — „und theurer. — Das Fleisch ist zäh." Er kaute eine Weile schweigend fort, dann legte er das zweite Stück auf seinen Teller. In der Schüssel blieb nur ein Knochen zurück.

„Du isst nichts?" fragte er.

„Ich hab' schon gegessen, bevor ich auf den Bahnhof gieng," gab sie zur Antwort.

„Was gibt es hier Neues? Du schreibst immer so kurze Briefe."

Neues? Jetzt war der Augenblick da, jetzt konnte sie ihm's sagen, konnte ihm zurufen: Erschrick! Erzittere! Es ist geschehen, was dich vernichtet, was dich aus deiner blöden Ahnungslosigkeit zur Erkenntnis treibt! — Aber warum jetzt? Hätte sie nicht gerade so gut von rückwärts an ihn herantreten und ihn mit einem Beil niederschlagen können? Denn so ruhig sass er da, nach Neuem fragend und doch nichts Neues erwartend — nein, ein andermal — nie — nie!

Sie athmete schwer, langsam hob sich ihre Brust — er that eben einen langen Zug aus dem Bierglase, dann stellte er das geleerte vor sich hin, erhob sich und sagte: „Ich geh' schlafen. Gehst du auch?"

Er gähnte laut: „Ich bin müde von der Fahrt."

III.

Sie traten beide in das gemeinsame Schlafgemach, das letzte der drei Zimmer, welche ihre Wohnung ausmachten. Auf der Ofenplatte stand ein Trinkglas, zur Hälfte mit Wasser, zur Hälfte mit einer Schicht Oel gefüllt, auf der ein in Korkstückchen ruhender Docht schwamm. Es war das Nachtlicht, welches nur schwach den dunklen Raum erhellte.

„Ich weiss nicht," sagte Jacques, indem er sich bückte, um seine Schuhe abzustreifen, „du bist heute so langweilig — fehlt dir was?"

Vielleicht hätte ernstere Besorgnis in dieser Frage gelegen, wenn er in diesem Augenblick das entstellte Antlitz der Frau gesehen hätte.

„Nichts," antwortete sie, „du weisst ja, ich bin immer still."

„Ja, ich weiss, du bist immer stiller und stiller geworden. Wenn man keine Kinder hat — acht Jahre sind wir schon verheiratet — achteinhalb — na, ich hab' mich schon damit abgefunden. Freilich wär' es schön gewesen, besonders gut für dich — ich bin ja nicht viel zuhause — da hast du wenigstens das Kind bei dir — aber schliesslich — viel Vermögen haben wir nicht, deine Mitgift war nicht gross, zu erwarten haben wir auch nichts, von gar keiner Seite — im Gegentheil, man muss noch hergeben von dem Wenigen — und wenn man Kinder anständig erziehen und ernähren will — wir wissen's ja von uns beiden, wir hätten jedes mehr, wenn wir weniger Geschwister gewesen wären."

Sie hatte sich ihm genähert, während sie sprach:

„Jacques," sagte sie leise, „Jacques, ich hab' dir was zu sagen . . ." nur noch im Flüsterton kam's von ihren Lippen . . . „ich werde Mutter."

„Gusti!" schrie er auf, „Gusti! Ist es wahr?"

Er fasste sie bei den Schultern, er suchte ihr ins Gesicht zu sehen; das trübe Nachtlicht verhinderte ihn zu gewahren, dass sie bis in die Lippen farblos geworden.

„Ist es möglich? Mein Leben, meine Welt! Und warum hast du das nicht gleich gesagt? Mich nicht gleich damit empfangen? Darum bist du so still gewesen! Da lässt sie mich solche Dummheiten sprechen, wie es gut ist, wenn man keine Kinder hat — ich hab's ja selbst nicht geglaubt, ich wollte dich nur trösten, mein Gusterl, mein Goldweib!"

Er war ganz und gar verändert. Heftig drückte er sie an sich und küsste sie auf den weissen Nacken, indes sie erschüttert in Thränen ausbrach.

„Was weinst du?" fragte er.

„Ich habe Furcht!"

„Närrchen, Furcht! Wenn die Weiber Furcht haben müssten, so gäbe es keine Kinder. Furcht! Hast du nicht vier Geschwister, waren wir nicht sechs? Furcht! — Hast du schon den Arzt gefragt?"

„Noch nicht."

„Gleich morgen schick' ich dir um den Doctor." —

Noch lange blieben die Gatten wach. Er konnte sich gar nicht beruhigen.

Acht Jahre lang hatte er gehofft und gehofft; er hatte angefangen, seine Frau mit feindseligen Blicken anzusehen, sie allein, die ja jetzt so glänzend gerechtfertigt war, für ihre Kinderlosigkeit verantwortlich zu machen. Noch war es ja nie ausgesprochen, noch hatte er, wie eben erst, sie zu trösten versucht, mit demselben Trost, der auch ihm dienen sollte. Aber wie oft hatte er sich gesagt: Wenn man weiss, für wen man arbeitet, so arbeitet man noch einmal so gern. Gab es Verdruss und Mühe im Geschäft — für wen plag' ich mich? Tauchte ein weitreichender Plan auf — für welche Zukunft? Und nun war die Zukunft, war der Zweck da.

Zum erstenmal in seiner Ehe fühlte er Dankbarkeit gegen seine Frau. Sie duldete still seine ehelichen Liebkosungen, wie sie sie stets nur geduldet hatte. Jetzt, wo sie gesprochen, dachte sie bei sich: Wie leicht ist dir das geworden! Wie hast du gebangt und gezittert vor dem Betruge —

und ist dieser Betrug nicht heilsamer als die Wahrheit — für dich und für ihn? — Und wenn es doch einmal entdeckt wird? Es wäre sein Tod und der meinige. —

So waren die Gedanken der beiden Eheleute, die scheinbar einträchtig neben einander ruhten.

IV.

Jacques rief, als er morgens erwachte: „Ich bitte dich, hat mir's nur geträumt, oder ist es wahr? Ist es wirklich wahr?"

Sie schreckte auf. Geträumt? Geträumt? Sie fuhr sich mit der Spitze des Zeigefingers hart über Stirn und Schläfe. Vielleicht war's wirklich nur ein Traum gewesen, das Ganze nur ein böser Traum!

„Was denn?" fragte sie.

„Nun, was!"

„Es ist!"

Er war so zärtlich beim Erwachen, wie er es abends nach ihrem beglückenden Geständnis gewesen. Der ruhige, gesetzte, nüchterne, unfrohe Mann war wie umgewandelt, wie in einem Rausche. Nichtsdestoweniger beeilte er sich mit dem Frühstück, denn ins Geschäft musste er ja doch.

Den ganzen Vormittag blieb sie allein, Vormittag und Nachmittag bis in den späten Abend; so war es ja immer, auch wenn der Mann nicht auf Reisen war. Mittags warf er das Essen förmlich in sich hinein, musste gleich wieder fort. Auch kam er unregelmässig; manchmal um zwölf, manchmal um eins, manchmal auch erst um zwei. Wie übellaunig war er dann! Müde und matt, und an allen Gliedern wie zerschlagen! Dann waren die Käufer, die ihn aufgehalten, Lumpen oder Nichtswisser, oder Betrüger, die ihn selbst für einen Betrüger halten mussten — das war wieder nur in dieser Branche möglich, bei der's obendrein nichts zu verdienen gab, ein sauberes Geschäft das, — nichts als Arbeit und Plage, und für die Arbeit und Plage auch nichts!

Natürlich war ihm dann auch das Essen nicht recht, es war zu lange auf dem Herd gestanden, die Suppe war eingekocht, das Fleisch brenzlich — er ass ein paar Bissen, schob das Essen missmuthig von sich zur Kränkung der Hausfrau, und eilte gleich wieder ins Geschäft. Oder gieng er vorher noch in eine Restauration? Sie hatte ihn stark im Verdacht.

Heute jedoch kam er schon mit dem Glockenschlag zwölf in bester Laune nachhause. Statt des Grusses legte er seiner Frau zwei Theaterkarten auf den Nähtisch.

Für sie war der Besuch des Theaters immer der grösste Genuss gewesen. Sie kannte kaum eine andere Freude. Als Mädchen schon war sie nur selten dazu gekommen, als Frau noch seltener, denn der Mann kam abends spät aus dem Geschäfte, ihm war es immer ein Opfer, sie ins Theater zu begleiten, eine Störung seiner gewohnten häuslichen Bequemlichkeit. War aber einmal aus irgend einem Anlass der Besuch des Theaters beschlossen worden, so war das für sie ein Festtag. Den ganzen Tag freute sie sich, zwei Stunden vorher gieng sie an die Toilette. Andachtsvoll trat sie in das Theater ein, gab sich sogleich der Welt des Dichters gefangen, athmete, lebte mit, lebendiger mit der Dichtung als in der Wirklichkeit. Ein schöner Satz, ein weiches Wort konnten sie zu Thränen rühren, die ihr nur so die Wangen herunterliefen. Sie sass da wie in einem holden Traum, dem doch jedesmal ein niederschlagendes Erwachen folgte, und zu dem sie immer wieder gern flüchtete.

Aber heute? Sie erschrak vor dem Gedanken, ins Theater zu gehen.

„Ins Theater? Warum? Warum heute?"

„Aber warum denn nicht? Es ist ein schönes Stück heute, ein französisches Stück, ‚Vornehme Ehe'!"

„Um keinen Preis!" rief sie heftig.

„Was hast du nur?" fragte er erstaunt.

„Gerade in diesem Stücke hab' ich die Wolter gesehen. Soll ich — soll ich mir den Eindruck verderben lassen?"

„Das ist wahr. Nun, ich kann die Billets vielleicht noch zurückgeben, oder ich tausche sie für morgen um."

„Jacques —"

„Was?"

„Gib sie zurück, ich will überhaupt nicht ins Theater, ich fürchte mich." Sie wurde roth bis an die Schläfen und senkte das Haupt.

„Du weisst, wie mich das Theater immer aufregt, und mein Zustand — — es könnte mir, oder gar dem Kinde schaden."

„Dem Kind —! Freilich! — Wer wird sich aber auch im Theater so aufregen!"

„Ich kann ja nicht dafür."

„Nu, du weisst, mir ist am Theater sehr wenig gelegen, für mich brauchte es gar nicht zu existieren. Wenn ich nicht wenigstens lachen soll —! Aber du hast immer Freude daran gehabt!"

Als ob er auch immer darauf bedacht gewesen wäre, ihre Freuden zu den seinen zu machen! Als ob er die ganzen langen acht Jahre — vielleicht die ersten Tage nach der Hochzeit ausgenommen — an seine Frau anders gedacht hätte, als an die getreue Hüterin und Wahrerin seiner Bequemlichkeit, als an die bedürfnislose häusliche Mitarbeiterin!

Sie aber sagte: „Ich weiss, ich danke dir, Jacques!"

„Ob der Cassier die Billets noch zurücknimmt? Es wäre doch schade, sie verfallen zu lassen!"

„Schick' zu Weisbergers hinüber, die nehmen sie vielleicht."

Es wurde noch eine Weile über die Billets gesprochen, bis das Mittagessen aufgetragen wurde. Zwischen der Suppe und dem Fleisch nahm Jacques seine Frau beim Handgelenk und drückte es zärtlich. Auguste beugte sich tief über ihren Teller.

V.

Nach dem Mittagessen eilte Jacques wieder ins Geschäft, und Auguste war wieder allein. Wie lange noch? Dann ist das Kind da, dann kommen ihr keine fremden Gedanken, dann hat sie alles, was ihr gefehlt hat, dann hat ihr Leben Inhalt und Zweck, ihr Herz einen Halt, dann reicht der Tag nicht, der sich jetzt endlos dehnt. Denn das Kind will den ganzen Tag gehegt und gepflegt sein — und wie wird sie es hegen und pflegen, dieses späte Geschenk des Himmels! — Des Himmels? Sie schauerte zusammen.

Es wächst und wächst und mit ihm die Schuld. Jede Minute ist ein neuer Betrug. Jeder Herzschlag ist eine beängstigende Mahnung. Und nach aussen ruhig bleiben zu müssen! Zu blicken und zu sprechen wie sonst, und das Ungeheure wie etwas Selbstverständliches erscheinen zu lassen! Wenn dieses Kind geboren wird, was wird der Schmerz aus ihr sprechen? Oder wird sie auf ewig verstummen?

Sie schrie auf. Ewiger Gott, lass mich nicht schwerer büssen, als meine Schuld ist! Dies Kind ist mir zur Qual, o lass es mir zur Rettung sein! —

Sie gieng eifrig an ihre häuslichen Geschäfte, um ihrer Gedanken los zu werden. Sie nahm das Strickzeug zur Hand — ein Wickelband war schon angefangen. Sie zwang sich zur Arbeit, suchte ihre ganze Aufmerksamkeit auf die Strickerei zu vereinigen — aber was war das für eine Arbeit? Für das Kind, und immer wieder das Kind.

Warum? fragte sie sich von neuem. Soll ich nicht glücklich sein? Hab' ich's nicht herbeigesehnt all die Jahre, hab' ich's nicht so oft durchgedacht wie ich ein Kind lieben wollte, wie ich es behüten würde, wie ich seine Dienerin wäre, wie ich mich an seinem Lächeln freuen, wie ich es würde gehen und sprechen lehren? Immer müsste es froh, immer lustig und munter sein, damit es anders wird als ich, ein anderes Leben lernt als ich!

Und muss ich dieses Kind nicht haben, damit ich nicht mehr so allein bin den ganzen Tag, nicht fortwährend im Schweigen hinbrüte und von meinen Gedanken verzehrt werde? Dass ich sprechen, plaudern, lieben kann, dass ich es küssen kann, dieses Kind, und seine Küsse wieder empfangen — wird es mich auch küssen? Wird es mich lieben? Was für Fragen! Mich, seine Mutter!

Und doch krochen solche Fragen immer wieder an sie heran, gleich einem vielköpfigen Ungeheuer, das sie zu verschlingen drohte, und wenn sie ihm einen Kopf abschlug, wuchsen zwei neue nach. Und immer wieder allein mit ihren Zweifeln und Qualen, allein, selbst wenn Jacques da war, ja umsomehr vereinsamt und gequält, wenn er da war, er, der sich bald in den neuen Zustand hineinfand und wieder wie gewöhnlich seinen Geschäften nachgieng, abends ermüdet nachhause kam, ein paar Worte hinwarf, die sich auch wieder auf das Geschäft bezogen, oder auf das Essen, das an ihm jederzeit einen tadelbereiten Kritiker fand. Kaum eine Frage, kaum einen Blick hatte er für sie; alles musste seinen gewohnten Gang nehmen. War etwas nicht nach seinem Wunsch, so schalt er ohne Rücksicht auf den Zustand der Frau; er konnte heftig werden bis zur Rohheit. Ueber jede Ausgabe, die für die kleine Ausstattung gemacht werden musste, brummte er. Es war selbstverständlich, dass sie selbst alles nähte und strickte und stickte — sie hätte womöglich noch das Leinen selbst weben und das Garn selbst spinnen und den Flachs von ihrem so knapp bemessenen Wirtschaftsgeld kaufen sollen. Mit Bangen musste sie auch daran denken, wie sie in Zukunft jede kleinere und grössere neue Ausgabe für die vergrösserte Wirtschaft von ihm ertrotzen werde — zu erschmeicheln verstand sie nicht.

VI.

Bis endlich die Stunde kam.

Eine Nacht voll Wehen. Jacques stand im Nebenzimmer und starrte durch das Fenster, riss es auf, die kühle Herbstluft einzuathmen, und schloss es erschrocken wieder, da ihm einfiel, es könnte ein leises Lüftchen durch die geschlossene Thür hineindringen zu der ringenden Frau. Er horcht in hilflosem Warten, mit angehaltenem Athem, er schlingt die Finger ineinander, dass sich die Nägel fest in die Haut eingraben.

Er schaut zum Himmel empor. Allmälig erblassen die Sterne, gelbliche Wölkchen tauchen auf, das tiefe Blau des Himmels lichtet sich. Die Spatzen fangen an zu zwitschern, das Geräusch der erwachenden Stadt durchbricht die bange Stille, endlich, endlich steigt die Sonne empor, es ist Tag.

Er wendet sich vom Fenster wieder ins Zimmer hinein. Da öffnet sich die Thür des Schlafzimmers und die Wehmutter tritt heraus. Ihr breites, rothes Angesicht glänzt, Schweisstropfen blinken auf ihrer Nase.

„Ein Knabe ist's! Jetzt dürfen Sie hinein. Aber nur auf zwei Minuten."

Er schleicht auf den Fussspitzen hinein.

Da liegt die arme Frau in ihrem Bett, bleich und regungslos, aber ihre Augen funkeln wie in übernatürlichem Glanz.

„Jacques!" ruft sie mit schwacher Stimme.

Ihm ist so eigenthümlich zu Muth. Er weiss nicht, wie er sich benehmen soll. Es zwingt ihn etwas auf die Knie nieder.

„Armes Gusterl!" sagt er und küsst sie behutsam auf die Stirn. „Hast du viel ausgestanden?"

Sie lächelt mit blassen Lippen. „Es ist ja vorüber! Aber schau' dir doch das Kind an! So ruhig hält es sich!"

Er tritt zu der Badewanne, die Wartefrau hält das kleine Wesen dem Vater hin. Er blickt nur so halb hin auf den kleinen rothen Klumpen, der sich jetzt plötzlich hin und her zu drehen und zu winden beginnt, mit den Aeuglein blinzelt und einen Schrei ausstösst.

„Der ganze Vater!" sagt die Wartefrau. Und der Vater frägt sich im Stillen, ob denn das wirklich ein menschliches Wesen ist.

Er geht ans Bett seiner Frau zurück.

„Ich muss jetzt ins Geschäft," sagt er. „Bleib wohlauf und gesund."

Dann geht er auf den Fussspitzen aus dem Zimmer, geht auch noch auf den Fussspitzen die Treppe hinunter. Erst auf der Gasse tritt er wieder mit der ganzen Sohle auf.

Auguste lässt sich das Kind ins Bett reichen und hält es, bis die Wärterin es ihr fast mit Gewalt wieder abnimmt. Dann schläft sie ein. Traumlos schläft sie, aber wie sie erwacht, dünkt sie sich von einem Traum umfangen. Sie fühlt sich wie herausgehoben aus dieser Welt, es gibt nur diese eine Stube, nur sie und das Kind leben und gehören einander an. Es gibt keine Vergangenheit, aber die ganze Zukunft ruht in diesem Kind.

Sie verlangt nach dem Knaben. Man muss ihr die Wiege dicht an ihr Bett rücken, sie lässt kein Auge von dem Kind.

Ach, und wie sie es dann an die Brust legen darf, wie das Kind die Nahrung von ihrer Brust gleich annimmt! Alle ihre Gedanken hat das Kind, sie weiss auch nichts anderes, als von dem kleinen Knaben zu sprechen. Stolz empfängt sie die Besucherinnen, stolz zeigt sie jedesmal dem heimkehrenden Mann sein Söhnlein.

Und jetzt, wo das Wachsthum und Gedeihen des Knaben sichtbar werden, hat er auch des Vaters ganzes Herz gewonnen. Wenn er nachhause kommt, nimmt er das Kind sofort behutsam in die Arme, trägt es herum, spricht mit ihm, singt ihm seinen ganzen, bald erschöpften Vorrath von Liedern vor. Er wiegt es in den Schlaf, zornig fährt er den Urheber eines Geräusches an, durch welches das schlummernde Kind geweckt werden könnte. Und bevor noch die Mutter ein Lächeln entdeckt hat, glaubt er schon, sein Fränzchen lächeln zu sehen.

So viel hat er nie mit seiner Frau gesprochen, wie er jetzt mit dem Kinde plaudert. Und das Kind fängt an, ihn zu verstehen. Ja, es lächelt ihm früher zu, als der Mama. Mit strampelnden Beinchen will es sofort zum Vater, wenn dieser, aus dem Geschäft kommend, ins Zimmer tritt. Es ist vielleicht ganz natürlich, dass der Knabe sich mehr dem Vater anschliesst, als der Mutter, und immer inniger anschliesst, je grösser er wird. Er kann kaum auf den Füssen stehen, so fasst er schon die Hand des Vaters, um mit ihm zu gehen, und will sie nicht loslassen und weint und schreit darüber, dass er zurückbleiben muss, wenn der Vater ausgeht. Und niemand kann ihn wieder so gut beruhigen, wie der Vater; er hört weder auf die Schmeichelreden, noch auf die zürnenden Worte der Mutter.

Ist er mit der Mutter allein, so spielt er ruhig in einer Ecke; manchmal aber hört er nicht auf, die Mutter zu stören. Liest sie ein Buch, so muss er auf ihrem Schoss sitzen; unversehens ergreift er ein Blatt und hat es aus dem Buche herausgerissen. Dann wird er rasch auf den Boden gesetzt und heult eine halbe Stunde. Wissbegierig richtet er unaufhörlich Fragen und Aufforderungen an sie; zwanzigmal dieselbe Frage, und aus jeder Antwort macht er eine neue Frage. Er ist eben ein echtes Kind, sie aber muss erst noch lernen, dass Liebe Geduld ist. So wird sie oft ungeduldig, verweist ihm das Reden, es weint, und weint oft solange, bis der Vater kommt. Der Vater geräth ausser sich, wenn er das Kind in Thränen sieht.

„Um Gotteswillen, was ist dem Kind?"

Er nimmt es auf den Arm, streichelt es, beruhigt es, und das Kind gewöhnt sich, beim Vater Schutz zu suchen vor der Mutter. Der Vater ist mit dem Kind jedesmal nur auf Stunden, auf Minuten beisammen, da findet er es immer liebenswürdig, weiss er es immer nur zu liebkosen.

Auch sie möchte das Kind immer nur ans Herz drücken, am Herzen behalten. Namentlich wenn sie sieht, wie das Kind sich an Jacques schmiegt. Sie versucht es dann, sanft zu sein. Aber sie ist so viel mit dem Kind allein, da gibt es immer zu lehren und zu wehren. Und wenn Fränzchen gar Trotz zeigt, da kann sie sich nicht bezwingen und wird heftig. Das Kind zittert vor der ungleichen Behandlung und flüchtet immer wieder zum Vater, bei dem es liebevoller Aufnahme stets gewiss ist.

VII.

Jacques erkennt sehr gut, weshalb das Kind an ihm hängt; und er sucht sich diese Liebe zu sichern, indem er es verwöhnt. Er gibt sich keine Rechenschaft darüber, wie selbstsüchtig er ist. Das Kind ist für ihn, nicht er des Kindes wegen da. Er küsst es, um wieder geküsst zu werden; es thut ihm wohl, zu wissen, dass dieses kleine Wesen seiner Hilfe bedarf, von ihm abhängt, ihm, wie er glaubt, Dank schuldig ist. Wenn das Kind nur wächst und gedeiht, nur ordentlich isst und trinkt, und seinen Vater lieb hat — alles andere kommt von selbst, kommt später.

Zwischen den Ehegatten gibt es oft einen kleinen Wortwechsel. Sie streiten über die Erziehung des Kindes, stellen allgemeine Erziehungsgrundsätze auf, als hätten sie die tiefsten Studien gemacht. Zum Erzieher hält sich jeder Mensch gut, gereift und erfahren genug. Ist das Kind da, ist auch schon der Erzieher fertig. Und was ist der eigentliche

Grundsatz solcher Erziehung? Werde so, wie ich der Vater, ich die Mutter bin, möglichst mir ähnlich. Die grösste Aehnlichkeit — nicht bloss die des Gesichts, der Bewegungen, der Sprache, nein, selbst der Fehler — bildet das grösste Entzücken.

Was haben auch die beiden Gatten für eine Erziehung erfahren? Ungefähr dieselbe wie ihr Kind. Doch nein, es gab in ihrer Kinderzeit zwischen den Eltern nicht einmal Streit über Erziehung; sie wurden nicht erzogen — nur so gelegentlich. Einmal wurde ihnen gedroht, ein andermal das Blaue vom Himmel versprochen; einmal erhielten sie jämmerliche Prügel, ein andermal, je grösser sie wurden, desto seltener — wurden sie mit Liebkosungen fast erdrückt.

So konnten sich Mann und Frau nicht einigen, hüteten sich nicht einmal in Gegenwart des Kindes den Streit zu unterdrücken oder zu mässigen, und der Knabe stand zwischen ihnen und horchte auf die Worte, die zuweilen scharf hinüber und herüber giengen. Aus seiner Vorliebe für den Papa machte er kein Hehl, wurde darin nur noch bestärkt durch Papas triumphierende Miene, die der Mama sagen sollte: Ich bin es, siehst du, der den Zweck der Erziehung erreicht hat, ich bin's, den das Kind liebt.

Eine stille, unausgesprochene Feindschaft entspann sich daraus. Das Kind sah auch die finsteren Blicke der Mutter und wurde ihr gegenüber scheu, ja verstockt. Sie erschrak, wenn sie sich bewusst wurde, dass der feindselige Gedanke, mit welchem sie ihrem Mann begegnete, zuweilen auch den unschuldigen Knaben umfasste. Welcher Weg führte sie wieder zu dem Herzen ihres Kindes? Wie vermochte sie, es wieder zu sich zu ziehen, zur Mutter, der das Kind doch gehörte, die es ja unter ihrem Herzen getragen, die seinetwegen so bange Stunden durchlebt und so viele Schmerzen erlitten hatte?

Schreckliche Gedanken peinigten sie wieder. Sie hatte seit der Geburt des Kindes nur selten mehr von jenen quälenden Anwandlungen gelitten, unter denen sie vorher oft zusammengebrochen war. Alles hatte sich vereinigt, sie in eine Täuschung, in eine Vergessenheit einzuwiegen, die ihr das, was geschehen war, als einen längstverwichenen Traum erscheinen liess. Nun kamen sie wieder, die Fragen und Vorwürfe, der Trotz und die Zerknirschung.

Hab' ich nicht genug erduldet? Ist das die Strafe, die ich gefürchtet habe? Beginnt sie erst, die ich schon tausendfach verbüsst glaubte? Mein Kind wendet sich ab von mir, von seiner Mutter; will nichts von meiner Liebe wissen und hängt sich an ihn — an den Vater! Welches Recht hat er, mir mein Kind zu entziehen? Mir gehört es, von diesem Kind allein kann ich das einzige Glück erhoffen, das es für mich noch gibt! Mir gehört es, und ich will's festhalten und vertheidigen — mag dabei brechen, was längst schon brüchig ist!

In solchem Sinnen störte sie einmal der Knabe. Er griff nach der Schere, die auf ihrem Nähtischchen lag; sie nahm ihm das gefährliche Spielzeug aus der Hand, er aber langte wieder danach, unfolgsam, trotzig, nicht gewohnt, sich etwas versagen zu lassen. In der Unruhe, welche sie fortwährend beherrscht, wird die äusserlich sonst ruhige und gelassene Frau heftig. Das Benehmen des Kindes ist ihr ein neuer schrecklicher Beweis seiner Entfremdung. Sie entreisst ihm in zorniger Hast die Schere und ritzt das Kind dabei in den Daumen. Ein paar Tropfen Blut spritzen hervor, das Kind fängt an zu weinen. Vergebens sucht die erschreckte Mutter, es zu beruhigen. Sie legt die Lippen an die kleine Wunde, das Blut ist bald gestillt, aber der Knabe weint, nicht viel mehr Thränen vergiessend, als Blut geflossen ist. Sie drückt ihn an sich, sie will ihn auf den Arm nehmen, aber er wehrt und sträubt sich, er schlägt mit den Händen und stampft mit den Füssen. Und jetzt hört er den Vater kommen. Noch lauter erhebt er seine Stimme, und der Vater, der das Geschrei des geliebten Kindes schon im Flur vernommen hat, stürzt ganz verstört in das Zimmer.

„Um Gotteswillen, was ist geschehen!"

Der Knabe läuft auf ihn zu und hält ihm die verletzte Hand hoch entgegen.

„But!" schreit er weinend. „Mutte hat Fanz deschnitten!"

Das geliebte Kind, das junge, zarte, süsse Wesen! Seinen „Fanz"! Jacques hebt das Kind auf seinen Arm und drückt es an sich. Er ist ganz roth vor Zorn.

„Du behandelst ja das Kind wie eine Stiefmutter!" ruft er.

„Tiefmutte!" ruft der Knabe, sich in Sicherheit fühlend, dem Vater nach.

Auguste ist bleich geworden bis in die Lippen. Dieses Wort aus dem Mund ihres eigenen Kindes dringt ihr wie ein Dolch ins Herz. Jetzt keine Furcht, kein Mitleid, kein Zögern mehr, nein, das duldet weiter keinen Aufschub. Dieser Zustand war ja längst unerträglich, einmal musste es so kommen, und nun hilft kein Verstecken mehr und kein Vertuschen — es muss ein Ende nehmen.

„Stiefmutter?" sagt sie scheinbar ruhig, aber in ihrer Stimme liegt ein verhängnisschweres Beben. „Stiefmutter — ich? Dies Kind ist mein — aber dein ist es nie gewesen!"

Instinctmässig lässt er das Kind von seinem Arm auf die Erde niedergleiten, er fasst nicht ganz den Sinn ihrer Worte, aber in seinem Innern will eine Regung ihm ankündigen, dass er vor etwas Schrecklichem, Ungeheurem steht.

„Was soll das heissen?" bringt er hervor.

„Geh in die Küche, Franz, zur Lisi!"

Der Knabe blickt auf den Vater.

„Geh, Franz!" sagt auch dieser, und der Knabe gehorcht.

VIII.

Die Gatten sind allein. Der Mann ist in die Sophaecke gesunken, denn seine Knie zittern ihm. Seine Augen sind geblendet, als hätte ihm plötzlicher Sturmwind eine Staubwolke ins Gesicht geschleudert; alles dreht sich um ihn, und ein dumpfes Getöse erfüllt seinen Kopf.

Sie steht vor ihm, mit der einen Hand sich an der Tischplatte haltend, die geballte Rechte an das stark klopfende Herz gepresst.

„Ich hätte dies schon längst sagen sollen," beginnt sie, „aber nie fand ich den Muth dazu."

„Was denn? Was meinst du?" ruft er voll Angst und Ungeduld, und weiss doch, ihm wäre besser, wenn sie die Frage nicht beantwortete. Und glaubt es doch nicht, will's nicht glauben. „Du willst doch nicht sagen, dass Franz — — dass du — —" Die Stimme versagt ihm, er traut sich nicht, seinem Unglück zuerst den Namen zu geben. Es ist Bosheit von ihr, Rachsucht — sie möchte das Kind allein für sich haben, das mich doch mehr liebt — wie eine Fliege in der Glasglocke schoss der Gedanke umher, überall glaubte er einen Ausweg zu finden, doch überall fiel er zurück.

„Ich hab' es gesagt, und ich nehm's nicht mehr zurück. Es ist auch besser so. Es ist das einzig Mögliche."

Wie ermattet lässt er den Kopf in die aufgestemmten Hände sinken und schliesst die Augen. Vielleicht ist das Ganze nur ein Traum. Kann es denn wirklich sein, dieses Unglaubliche, nicht zu Ahnende, das sich ihm so plötzlich enthüllt hat, das sein ganzes dreijähriges Glück fällt, das ihn zum Witwer, zum betrogenen Gatten — oh — oh — zum kinderlosen Vater macht? Er athmet nicht, auf seiner Brust liegt eine erdrückende Last. Wie ein Verbrecher sitzt er da, der den vernichtenden Urtheilsspruch zu erwarten hat, und sie, die Schuldige, die ihm ein Geständnis ablegen soll, steht ihm gegenüber, als wäre sie der Richter.

Und alles liegt vor ihr auch klar, wie nie zuvor, ihre eigene Schuld und seine und die Schuld aller anderen. Ihr ganzes Leben liegt vor ihr, was geschehen ist, und wie es geschah, und was nun noch geschehen muss.

„Ich hätte dir's freilich längst sagen sollen," wiederholt sie. „Damals als du von der Reise zurückkamst und ich dir nur die eine Hälfte gestand, die dich so glücklich machte. Die andere Hälfte verschwieg ich, mir fehlte der Muth für mich und dich. Hätte ich damals gewusst, wie es kommen würde, und dass du zu diesem Kind eine Liebe fassen würdest, deren ich dich — das muss ich sagen — deren ich dich nie für fähig gehalten, so hätte ich gewiss gesprochen. Aber ich fürchtete alles. Die Schande und die Sorge, und dass das Kind keinen Vater haben würde — und warum sollte ich dir deinen glücklichen Wahn benehmen? Ich hielt es für möglich, meine Lüge mit ins Grab zu nehmen — hätt' ich doch gleich gesprochen! Aber ich konnte nicht, ich konnt' es nicht — und Klagen helfen nun nichts. Wollte ich dir erklären, was mich zu jenem Schritte trieb, der uns innerlich trennte, die wir nie verbunden gewesen, und der uns nun auch äusserlich trennen muss, so hätte ich damit anzufangen, von meiner Kinderzeit zu erzählen und von meinem ganzen Leben zuhause. Du glaubst freilich, dieses Leben längst zu kennen, es gab ja auch nichts daran zu verbergen; aber dass es mich dorthin führen musste, wohin ich gekommen bin, dass das so und gar nicht anders möglich war, nicht anders möglich —!

Aber wirst du mich verstehen? Ich habe längst daran gezweifelt, und wenn du mich jetzt endlich verstehen lernst, nützt es ja auch nichts mehr; trotzdem muss ich den Versuch machen, dir alles auseinanderzusetzen, dir und mir. Denn was ich jetzt sage, erhält auch jetzt erst Worte von mir, es hat immer nur wie ein unbestimmter Schmerz in meiner Brust geruht. Wie ich in dieser Stunde mein bisheriges Leben vor mir sehe, so sollst du es nun anschauen, und nichts soll dir verhohlen sein."

Jacques sprang auf. Was sollte all dieses Reden, dieses Vorbereiten! Was war sie ihm, sie und ihr vergangenes und ihr zukünftiges Leben! Er fragte nur nach dem Kind, er wollte nur von dem Kind nicht lassen.

„Das Kind!" schrie er. „Ich will nichts wissen, du sollst nichts erzählen. Sag mir, dass Franz, mein Franz — — du hast mich strafen wollen, du hast gescherzt, ja du hast Recht, es soll anders werden, künftig sollst du ihn erziehen —"

„Nein! Lass mich sprechen, sonst zerspringt mir die Brust. Ich habe mein ganzes Leben lang geschwiegen, endlich, endlich finde ich Worte. Vielleicht führe ich dich zur Erkenntnis, vielleicht gelingt es mir, auch dich aufzurütteln, vielleicht verstehst du dich, wenn du mich verstehen lernst! Ich weiss es ja, ich bin schuldig — aber wenn du auch mein Geständnis nicht brauchst — mir muss es von der Seele, mir!"

Sie musste nun selbst innehalten. Die anfängliche Starrheit löste sich in Erschütterung auf. Heftig hob sich ihre Brust und ihre trockenen, brennenden Augen blickten wie nach Hilfe herum, wie als ob sie Thränen suchten.

„Meine Eltern, wie ja auch die deinen, haben stets nur des Lebens Last auf sich ruhen gefühlt. Ich erinnere mich nicht, Vater oder Mutter jemals lachen gehört zu haben. Die Sorge drückte auf sie, die Sorge um das tägliche Brot, um die Nothdurft des Lebens. Der Vater war ein strenger Mann; er trieb uns zum Lernen, wenn er zuhause war; über alles forderte er Rechenschaft von uns. Wir sahen ihn nur des Abends und wir fürchteten uns vor ihm. Nach seiner Meinung war ja auch die Furcht eine bessere Lehrmeisterin als die Liebe. Kann sein, dass er uns hin und wieder freundlicher begegnete, aber das brachte er selbst bei dem nächsten Anlass in Vergessenheit, wo er uns als Strafer, als Rächer, als Tyrann erschien. Wie er uns strafte, mit grausamer Kälte, schien er nicht die Absicht zu haben, unsere Besserung herbeizuführen, sondern sich Genüge zu thun, sich vor Wiederholungen jener Störung zu bewahren, die wir ihm etwa bereiteten. Die Folge solcher Strafe war, dass wir das heimlich thaten, warum wir gestraft wurden, und dass wir uns gewöhnten, überhaupt alles heimlich zu thun — weil wir nicht wussten, was strafwürdig befunden werden könnte und was nicht.

Ein Vorfall aus der Kinderzeit ist mir und allen Geschwistern besonders lebhaft im Gedächtnis geblieben. Wir waren eines Nachmittags aus der Schule gekommen, und ausnahmsweise hatten uns einige Schulkameraden meiner Brüder bis in die Wohnung begleitet. Die Eltern waren wie immer im Geschäft, die beiden Dienstboten hatten in der Küche zu thun. Es wandelte uns die Lust an, zu spielen, und wir wählten nach langem Berathen das ‚Plumpsack geht rum'. Das Spiel ergötzte uns, wie uns Kinder nichts vorher und nichts nachher ergötzt hat. Was war das damals für ein Lachen und Jauchzen, was war das jedesmal für eine Freude bei dem Aufschrei eines erschreckten, unerwartet vom Knüppel Getroffenen! Da, mitten in unserer Freude, tritt, von einem unglücklichen Zufall nachhause geführt, der Vater ins Zimmer. Mit einemmal ist alles mäuschenstill, wir stieben auseinander, der Knüppel — es war ein eng zusammengedrehtes Taschentuch — liegt verrätherisch auf dem Estrich.

Der Vater hebt ihn auf und fragt: ‚Wem gehört das Taschentuch?'

Eine lange Pause, und der Vater muss die Frage wiederholen. Wir kannten ihn schon und verstanden die Drohung, die in dieser Frage lag.

‚Mir!' antwortet endlich furchtsam und zitternd mein ältester Bruder.

‚Dir?' Und nun regnet es auf Rücken und Kopf des armen Jungen Hiebe mit dem Knüppel, bis der unbarmherzige Arm ermüdet war. Dann verliess der Vater das Zimmer, und wir blieben alle weinend zurück.

Warum wurde mein Bruder geschlagen? Warum durften wir uns nicht freuen? Warum durften wir nicht Kinder sein?

Ach, damals wussten wir uns diese Fragen gar nicht zu stellen, so wenig wie wir sie uns hätten beantworten können. Erst viel später, als ich gezwungen war, über mein Leben nachzudenken, fiel mir ein, dass das nur eine von den Grausamkeiten unserer Erziehung gewesen, die uns so tief verwundeten und die unser leichtes Blut erstarren machen sollten.

Und bei alledem — für wen sorgten und kargten denn die Eltern? Für wen arbeiteten sie den ganzen Tag, und für wen verzichteten sie auf manches, was ihnen vielleicht Genuss oder Freude gewesen wäre? Für wen anders, wenn nicht für uns, ihre Kinder!"

IX.

Jacques sass unbeweglich da. Hörte er auf das, was sie erzählte? Folgte er ihr, oder konnte er noch immer nicht über ihr erstes Wort hinaus? Was gieng ihn diese Kindergeschichte an, was hatte er damit zu schaffen?

„Sie waren ja auch nicht anders erzogen worden," fuhr Auguste fort. „Es gab nur den einen treibenden Gedanken auf Erwerb. Spärlich und schlecht wurden wir genährt und gekleidet, am meisten wurde für uns auf den Unterricht verwendet. Deswegen wurden wir auch angehalten, den Unterricht möglichst zu geniessen, keine Lehrstunde zu versäumen, jede freie Stunde zur Wiederholung zu benützen. Für die Schule mussten wir lernen und Wissen erwerben, das Leben blieb uns fremd, das Gemüth wurde nicht geweckt; von der Verschönerung des Lebens durch die Kunst, von der Erwärmung des Lebens durch offene Herzlichkeit wussten und ahnten wir alle nichts. Ich hatte, noch während ich in die Schule gieng, die im Geschäft thätige Mutter zuhause in der Wirtschaft zu vertreten.

So wuchsen wir in einem Halbdunkel heran, so wurden meine Brüder ihrem vom Vater gewählten Beruf zugeführt, wurde ich mit dir, den ich nie zuvor gesehen hatte, verlobt. Das letzte Kleid, der letzte Hut, die ich für dich bezahle, hatte mein Vater grollend gesagt. Das nächste muss dein Mann bezahlen. Ich machte mir keine Vorstellungen von dem Mann, dessen hauptsächlichste Aufgabe es also sein sollte, dem Vater gegen eine bescheidene Mitgift die Sorge für meine Kleidung abzunehmen. Ich erwartete nichts von dem Mann, in welchem ich von vornherein nichts erblicken konnte, als den Stellvertreter meines Vaters. Und wie viel Aehnlichkeit besitzest du mit ihm!

Ich hatte wohl manche Bücher gelesen — die meisten heimlich, denn die Zeit sollte nutzbringender verwertet werden — und hin und wider, als ich eben schon erwachsen war — heiratsfähig nach dem Beschluss der Eltern — durfte ich ja auch ins Theater, wo die Welt so ganz anders erschien, als bei uns zuhause — aber wäre es denn der Mühe wert gewesen, sie zu beschreiben und darzustellen, und des Anschauens wert, wenn unser Haus ein kleines Bild der Welt geboten hätte? Nie nahm ich, was ich auch las und im Theater sah, für etwas anderes, als eine schöne Erdichtung, die eben darum so schön war, weil sie mich aus dem Leben entführte und in eine zauberhafte Welt hinübertrug, die in Wirklichkeit — wenigstens nach dem, was ich davon wusste — nirgends zu finden war.

Und zu allerletzt bei dir, an deiner Seite. Ich war, obzwar der Gewalt der Eltern entzogen, doch nicht aus dem niederdrückenden Bannkreis der Sorge entlassen, in welchem auch du lebst und webst. Es war dieselbe Dumpfheit des Gefühls, dieselbe fortwährende Gespanntheit, die Richtung nach dem Erwerb, die Ruhelosigkeit, Freudlosigkeit, Unfrohheit, der Mangel an Beachtung und Achtung für den Menschen, selbst für den Nächsten, und gar für die Frau, die wie ein schwaches Thier zu dem starken an einen und denselben Karren gespannt war.

Wie hätte ich das ändern sollen? Wusste ich denn, dass es anders möglich war? Wer hätte mich das lehren sollen, wenn nicht du, und wer war der letzte, der mich das hätte lehren können? Und war mir nicht das Lachen abhanden gekommen seit den Tagen der Kindheit, wo es uns mit Schlägen vertrieben wurde — vielleicht weil ein Taschentuch zugrunde gieng, wenn es als Knüppel verwendet wurde!

Hätten wir beide in der ersten Zeit unserer Ehe Kinder gehabt, möglich, dass alles gut geworden wäre. Möglich, dass ich an meinen und deinen Kindern gelernt hätte, was Frohsinn heisst, und dass ich für mich vergessen hätte, wessen ein Herz bedarf und wie es sich austoben muss in Freude und Schmerz, austoben, aussprechen, gleichviel wie, aber dass es nur spricht, dass es nicht verstummen muss und sich nicht qualvoll in der Brust zusammenpresst!

An diesem Kind, an meinem Franz, da konnt' ich's nun doch nicht mehr lernen, weil mir das Herz aufs neue und für ewig verdüstert war. Und wenn ich's nicht so erzog, wie ich sollte, wenn ich manchmal härter mit ihm verfuhr, als sonst eine Mutter — wie kann die andere erziehen, die noch mit sich selbst zu thun hat, die noch nicht zur Ruhe gekommen ist mit der Welt und mit ihrem Herzen, und die mit ihren wachsenden Qualen zu ringen und zu kämpfen hat! Nun ist es endlich entschieden, und nun kann ich mich von meiner Pein befreien, indem ich ausspreche, was ausgesprochen werden muss."

Sie hielt in ihrer Erzählung inne. Das Schwerste stand ihr jetzt bevor. Ihre Lippen, wie von einem Zauber gelöst, so wundersam beredt, schlossen sich wieder, ehe sie das Bekenntnis, die Schilderung ihrer Schuld entliessen.

Jacques hatte den Kopf erhoben und schaute seine Frau mit wirren und trüben Blicken an, in denen sich Staunen und Schrecken und Verzweiflung zugleich ausprägten. Und immer auch noch ein Schein von Hoffnung, als müsste er nur eine Strafpredigt über sich ergehen lassen, an deren Schlusse er erfahren dürfte, dass die lebhafte Schilderung der Hölle nur ein Symbol sei und dass ihm für diesmal noch Verzeihung gewährt werde. Er zitterte und schwieg.

X.

„Erinnerst du dich des Tages, an dem du mir Karten fürs Theater nachhause brachtest? Man gab die ‚Vornehme Ehe'. Ich wollte nicht gehen, ich sagte, dass ich mich fürchte, und ich hätte das Stück ohnehin schon gesehen. Ja, ich fürchtete mich, meine Erinnerungen wieder aufzufrischen, denn ich hatte es nicht viel über einen Monat vorher gesehen, es war im Gastspiel der Wolter.

Ich sagte schon: das Theater war mir immer wie eine andere Welt, wie eine nicht wirkliche. Aber damals zum erstenmale, mit dem Auftreten der jungen Gräfin, fühlte ich mich im Innersten gepackt. Ja, das war Leben, war mein Leben, was ich hier sah; und nun verwob sich mir Schein und Sein, und ich verfluchte den gedankenlosen Ehemann, der seiner liebebedürftigen Frau nichts zu geben weiss, als ein reiches Taschengeld, und der mit Liebkosungen gegen seine Pferde freigebiger ist, als gegen seine Frau. Und sie lebte doch wenigstens im Ueberfluss, ohne Sorgen, im Seidenkleid, während ich darben musste an allem und jedem! Der Conflict, der sich vor meinen Augen auf der Bühne schürzte, der erwachte in demselben Augenblicke auch in meiner Brust.

Und dann sah ich nur noch mechanisch auf die Bühne, hörte kaum mehr, was dort gesprochen wurde, denn in meinem Inneren arbeitete es, regte sich's, rief es mit tausend Stimmen: Nein, nein, es darf nicht so fortgehen, es kann nicht so bleiben! Ich will leben, ich will lieben, ich will geliebt sein! Will fühlen und umfassen, was ich nur ahne, will mein dürstendes, verschmachtendes Herz letzen — ich will wissen, was Freude ist, ich will geniessen, ich will fröhlich sein mit frohen Menschen, abwerfen will ich die Dumpfheit und Stumpfheit der Seele und Sinne! O wer lehrt mich das, innerlich frei zu sein! O wer gewährt mir, einen Tag, eine Stunde nur, seligen Allvergessens! — —

Das war der Augenblick, in welchem das schwache Band zwischen dir und mir zerriss. Was nun noch folgte, ob es damals geschah oder später — einmal hätte es doch kommen müssen. Und so lass mich nur noch kurz berichten, aber doch zu

Ende berichten, denn diese letzte Rechenschaft bin dir noch schuldig.

Ich war von dem, was in mir vorgieng, so übermächtig erregt, dass mein Nachbar auf mich aufmerksam wurde. Das heisst, er hatte mich schon früher beobachtet, aber er nahm meine Erregtheit, die er für ein Unwohlsein hielt, weil ich so blass geworden war und meine Augen so fürchterlich funkelten — wie immer wenn ich erregt bin, du weisst es ja — zum Anlass, mich im Zwischenact anzusprechen. Er bot mir den Arm und führte mich ins Foyer. Dort sprachen wir miteinander. Er war ein Fremder, hielt sich nur zufällig vorübergehend in der Stadt auf, ich habe seinen Namen vergessen, oder überhört, — was liegt daran? Ich hatte noch nie einen Mann so sprechen hören, wie dieser sprach — er war vielleicht wie tausend andere, vielleicht auch besser als tausend andere — ich aber kannte und hörte nur diesen einen, der mir der einzige war, ich hieng an seinen Lippen: denn schon, dass er mit mir sprach, das war mir neu, war mir Entzücken.

Ich wollte nicht mehr ins Theater zurück — was sollte mir die Bühne weiter? Er verliess mit mir das Gebäude. Aber ich hatte vergessen, dass das Dienstmädchen, welches mich nachhause geleiten sollte, noch nicht zur Stelle war, da ich sie auf eine spätere Stunde bestellt hatte, in der Voraussetzung, dass ich bis zum Schluss des Stückes bleiben würde. Es war mein Schicksal.

Er erbot sich mir zur Begleitung, ich nahm es an. Er sprach mir nun von sich selbst, von seinem einsamen Leben, und wie er, alleinstehend, ohne eigentlichen Beruf, von einer Stadt zur anderen, von einem Land ins andere flüchte und suche, er wisse selbst nicht, was. Da erschien er mir so traurig und freudebedürftig, gerade wie ich selbst es war, und in meinem Inneren erhob sich's wieder: Leben! Lieben! Geliebt sein! Und es rief in meinem Herzen wieder: O einen Tag, eine Stunde nur seligen Allvergessens! So gab mein Herz ungesprochene Antwort auf das, was er sagte — er aber hörte diese Antwort aus meinem Schweigen und Zittern heraus. Und er fand Worte, wie ich sie nie gehört, warm und schmeichelnd, verheissend, liebkosend, glühend. Und so bekam er Gewalt über mich in jener Stunde des Vergessens, die ewig in meinem Gedächtnis brennen wird!"

XI.

Sie hatte diese letzten Worte leise gesprochen, mehr für sich, zur Vervollständigung der Erinnerungen, die sich ihr lebhaft aufdrängten. Nun war sie zuende und blickte auf.

Jacques hatte das Gesicht wieder mit den Händen bedeckt. Stossweise lief ein Zittern durch seinen Körper; er weinte und schluchzte. In ihrem eigenen Elend erfasste sie tiefes Mitleid mit dem Mann — aber was war da noch zu machen, wie war da noch zu helfen?

Endlich fand er Worte für den einzigen Gedanken: „Das Kind! Mein Franz! Ach, Auguste, warum hast du mir das gethan! Warum hast du mir das sagen müssen, dass er nicht mein Kind ist!"

So gross war die Liebe dieses Mannes zu seinem vermeintlichen Kind, dass er darüber seine Schande vergass.

„Hab' ich es nicht versucht? Hab' ich's nicht niedergekämpft? Jeder Tag, jede Stunde war eine Lüge, jedes Wort, jede Geberde."

In einem plötzlichen Wuthanfall packte er sie bei den Händen: „Lügnerin! Betrügerin! Warum hast du mich belogen? Hättest du mir's nicht gleich sagen können? Ich hätte dich fortgejagt, den Bankert gar nicht kennen gelernt . . . mein Franz!" Er verfiel wieder in seinen kraftlosen Schmerz.

„Es war meine Feigheit. Aber habe ich die Lüge nicht schwer genug getragen? Es hat mich die Liebe meines Kindes gekostet, und ich muss nun schauen, wie ich sie wiedererlange. Du fühlst nur den Schmerz, dass es nicht mehr dein ist. Du verlierst nur, was niemals dein gewesen. Du wirst das Kind entbehren lernen."

„So willst du mir's nehmen!"

„Was sollen wir noch bei einander? Ich muss endlich frei sein. Ich selbst bin zwar für die Freuden des Lebens auf immer verdorben, der einzige Versuch ist mir theuer genug zu stehen gekommen. Ich bin schon verurtheilt, die Kette mit mir zu schleppen, an die mich mein Leben, die Erziehung, die ich erhalten, geschmiedet haben. Ich konnte sie zerreissen, aber den eisernen Ring vermag ich nicht mehr zu lösen, der mich umspannt und einengt. Doch meines Kindes muss ich mich freuen können. Dieses mein Kind, dass nur mich und keinen Vater hat, muss ich für ein frohes und freies Leben erziehen, dass es glücklicher wird, als wir beide. Noch ist es Zeit, noch kann ich ihm alles werden, aber einen Aufschub duldet es nicht mehr. Die Zärtlichkeit, die du jetzt noch für den hilflosen Knaben hegst, hätte sich im Laufe der Zeit ohnehin gemindert. So ergieng es ja auch uns, die wir als kleine Kinder gehätschelt und geküsst wurden, bis wir gross genug waren, um die Schläge zu vertragen."

„Und wenn ich dennoch von dem Kind nicht lasse!" rief trotzig der schwache Mann. Es war sein letzter Versuch.

„Wie bald — nun, da du alles weisst — würde sich deine Liebe zu ihm ganz und gar verlieren! Du würdest dem Kinde und mir ein Feind; und feindlich müsste ich gegen dich kämpfen um die Liebe des Kindes. Nein, da ist kein Ausweg, da ist keine weitere Täuschung, kein Vertuschen und Verblenden möglich. Versuch' es, zu verwinden und froh zu werden. Du bist ein Mann, du wirst es leichter erdulden und tragen, als ich, die ich es so lange allein in Schmerzen getragen habe, dass ich meine, ich hab' es nun auch schon gebüsst!"

„Was hast du getragen? Was gebüsst! Warum muss ich es erdulden! Hab' ich je meine Pflichten gegen dich verletzt? Kannst du dich beklagen? Du hast mir mein einziges Glück geraubt, dir ist es leicht, das Kind zu nehmen und davonzugehen, aber ich, ich!"

Er fuhr sich mit beiden Händen in die Haare und zog daran, dass er vor körperlichem Schmerz den Kopf beugen musste.

Sie näherte sich ihm, und es klang beinahe warm und mitleidsvoll, was sie ihm sagte:

„Es ist unmöglich, du verstehst mich noch immer nicht. Pflicht und immer Pflicht! Könnten denn die Menschen miteinander leben, wenn sie nur ihre Pflicht erfüllen und nichts darüber? Und ist die Ehe nur Pflicht und nicht lauter Liebe? Hast du für mich Liebe gehabt? Und hast du deine Pflicht deshalb nicht verletzt, weil du mich mit Essen und Trinken versorgt hast? Weil ich ein Bett und ein Kleid hatte? Ja, ich habe meine Pflicht gebrochen und darum gehe ich von dir. Ich werde allein bleiben, zu meinen Verwandten gehe ich nicht. Ich weiss, was arbeiten heisst, und ich werde für mein Kind arbeiten. Freilich, wenn mich bloss die Pflicht triebe, dann wäre es traurig auch um dieses Kind bestellt. Ich werde ihm Liebe geben. Nur sie verleiht dem Leben Inhalt und Kraft. Möchte dir diese Trennungsstunde bringen, was ich schon erkannt. Möchte dir aus der Verklärung des augenblicklichen Schmerzes noch Verständnis und Freude quellen. Mir kam die Erkenntnis zu spät. Aber für mein Kind hab' ich sie errungen — was wiegt da mein Schmerz? Ich werde fortan nur in meinem Kinde leben."

XII.

Noch am selben Tage zog Auguste fort. In ihrer Sorge um das Nächste vergass sie auch die materielle Frage nicht. „Meine kleine Mitgift," sagte sie zu Jacques, „behalte du im Geschäft, zahl' mir nur monatlich aus, was ich etwa an Zinsen zu geniessen habe. Ich kann ja davon allein mit dem Kinde nicht leben, aber ich werde auch etwas verdienen."

Jacques leistete keinen Widerstand mehr. Er gieng ins Geschäft und nahm keinen Abschied von Weib und Kind. Er fürchtete sich, das Kind noch einmal anzusehen.

Der kleine Franz wusste nicht, wie ihm geschah. Stumm liess er sich ankleiden und folgte der Mutter, die vorläufig ein Zimmer in einem bescheidenen Gasthofe bezog. Als er aber in dem fremden Zimmer zum Schlafen gebracht werden sollte, da fieng er an, zu weinen und nach dem Papa zu rufen. Er war es gewohnt, abends auf Papas Schoss zu sitzen oder auf Papas Knien stehend halb über dem Tisch zu liegen; wurde er ins Bett geschickt, so liess er sich nach langem Sträuben den Händen des Dienstmädchens nicht eher übergeben, als bis er Papas Hand gefasst und ihn mit an sein Bett gezogen hatte. Nun rief er auch heute noch nach dem Vater.

„Papa kommt morgen!" sagte beschwichtigend die Mutter.

„Abe Fanz will nachhause! nachhause!" schrie ängstlich und trotzig der Knabe.

„Komm her, mein Kind!" bat sie. Sie fasste den Knaben sanft um den Leib und wollte ihn zu sich emporziehen. Er zappelte mit den Füssen und sträubte und wehrte sich, so dass sie ihn nicht hätte überwältigen können, ohne ihm weh zu thun. Sie musste ihn wieder loslassen, und er weinte und schrie, bis er müde ward.

Ihr Herz zog sich schmerzhaft zusammen. Sie war allein mit ihrem Kind, bereit, nur dem Kinde zu leben, es glücklich zu machen, und das Kind wollte nichts von seiner Mutter wissen. Feindlich entstrebte, entzog es sich ihr. Wenn sie das Kind nicht zu gewinnen vermochte, was dann? Was galt dann ihr Leben?

Unter Thränen schlief endlich der Knabe ein, sie entkleidete ihn und legte ihn ins Bett. Lange sass sie davor und betrachtete die Züge des schlummernden Kleinen, der noch zuweilen im Schlafe aufschluchzte. Stirn und Augen hatte er von der Mutter, aber da um Nase und Mund herum war ein fremder Zug, der ihr auf einmal das ganze Gesicht ihres Kindes entfremdete. Immer hatte sie an den Vater des Kindes wie an einen Fremden gedacht. Er war ihr entschwunden, wie er gekommen war, niemals hatte sie geglaubt, ihn zu halten, oder zurückrufen zu können — sie wusste ja auch nichts, nicht einmal den Namen mehr von ihm. Wollte auch längst nichts von ihm wissen. Der Rausch jener Stunde war verflogen und hatte doch nichts wie Zweifel und Bitterkeit hinterlassen und hatte doch nur zu vollständiger Entsagung geführt. Hätte Jacques' heftiger Vorwurf, das Wort des Kindes sie nicht zu gleicher Heftigkeit hingerissen, er hätte nie die Wahrheit zu erfahren brauchen, immer besser hätte sie sich in das Leben gefunden; war ihr's doch manchmal jetzt schon wie ein Traum vorgekommen — im Laufe der Jahre hätte sie selbst sich an den Gedanken gewöhnt, Franz als das Kind Jacques' anzusehen.

Was macht jetzt Jacques? O, er schläft längst seinen festen, gesunden Schlaf! Er wird sich bald an das Alleinsein gewöhnen, das Geschäft ist ihm Weib und Kind und mehr als beide. Hat er denn je empfunden, dass ich bei ihm war? Hat er mich beachtet, gewürdigt? Hat er eine Ahnung von meiner Seele, ein Augenzucken für die Bedürfnisse meines Geistes gehabt? Nein, ich werde ihm gewiss nicht fehlen. Er wird jetzt weniger Ausgaben haben. Hat er mir je das Wirtschaftsgeld gegeben, eine Rechnung bezahlt, ohne ungehalten zu sein? War ihm nicht alles zu viel? Und ich, die ich darbte, in seinen Augen eine Verschwenderin? Er freut sich, mich los zu sein. Aber das Kind, das wird er doch vermissen. Daran hat er gehangen, das hat ihn verändert, sein ganzer Stolz war sein Franz. Wie denn? Er ist ja nicht sein, nun weiss er's ja. Mein ist er, mein!

Sie beugte sich über das Kind und küsste es leise auf die Stirn. Der Kleine lächelte im Schlaf, und sie fühlte sich glücklich, als ob dieses Lächeln ihr gegolten hätte. Am Bett des Kindes sitzend schlief sie ein.

XIII.

Des anderen Tages war ihre erste Sorge, eine Wohnung zu suchen und ein Mädchen zu dingen, denn, wenn auch nicht ihretwillen, so brauchte sie doch Wartung für das Kind, zumal wenn sie nicht zuhause war. Und nun hiess es, an die Arbeit gehen. Arbeit — was denn für eine? Was konnte sie denn? O, sie hatte manches gelernt, da sie noch im elterlichen Hause war. Aber was hatte sie davon in ihrer Ehe verwertet? Im Frauenindustrieverein hatte sie Kleidernähen und Sticken gelernt. Was sie kunstvoll an Monogrammen und Mustern gestickt hatte, die vielen Tablettedeckchen, Taschentücher, Teppiche, das hatte einen wertvollen Theil ihrer Austattung gebildet. Jedes einzelne Stück hatte ihr Vergnügen gemacht, war ihr Stolz gewesen. Aber in der Ehe hörten diese Arbeiten auf. Er hatte keinen Blick dafür, fand all diese Zierat überflüssig und kostspielig, sie sollte lieber flicken und stopfen. Nun wollte sie es mit dem Sticken wieder versuchen.

Sie gieng in das grosse Geschäft, wo sie sonst ihre Einkäufe besorgt hatte, und wandte sich an den Inhaber desselben. Sie erschrak vor seinem Anbot. Als Käuferin hatte sie das Doppelte und Dreifache von dem bezahlt, was er jetzt der Arbeiterin zu geben hatte. Bei angestrengtester Arbeit konnte sie nicht so viel verdienen, um damit auszukommen. Wäre nicht der Zuschuss von Jacques allmonatlich sicher zu erwarten gewesen, sie hätte nicht gewusst, was anzufangen.

Aber es musste gehen. So hatte sie es ja gewollt — für wen gewollt? Doch nur für ihr Kind! Und das sollte nun trotzdem Noth leiden! Sollte empfinden, dass es bei seiner Mutter schlechter aufgehoben sei, als beim Vater zuhause! Denn was weiss ein Kind von der Liebe seiner Mutter? Wer es nährt, wer es pflegt und trägt, wer mit ihm spielt und ihm am meisten zuwillen ist, der steht dem Herzen eines Kindes immer am nächsten.

Und wie schwer wurde die Arbeit! Als sie für sich arbeitete, da gieng es nur so spielend. Alles wurde rasch fertig, sie wusste selbst nicht wie — aber jetzt, wo sie jeden Stich auf seinen Wert, auf seine Bezahlung berechnen musste, wo sie die Stiche zusammenzählte und an das wenige Geld denken musste, das sie dafür bekam, jetzt gieng es so langsam, und jeden Abend, wenn sie die Arbeit des ganzen Tages übersah, war so schrecklich wenig zustande gekommen! Und das soll nun so fortgehen, ein ganzes Leben lang! Der Knabe wird grösser, seine Bedürfnisse werden wachsen, er wird in die Schule müssen — und wenn ich nur einen einzigen Tag nicht arbeiten kann, so muss er es empfinden!

Dazu kam, dass die Arbeit sie hinderte, sich mit dem Kinde so zu beschäftigen, wie sie sich vorgesetzt hatte. Den ganzen Tag ihrem Franz zu widmen, ihn anzukleiden, ihn zu lehren, ihn spazieren zu führen, mit ihm zu plaudern, mit ihm zu spielen — so hatte sie sich das ausgemalt. Nur der Liebe zu ihrem Kind zu leben — das war ihr Programm gewesen. Aber in diesem Programm der Liebe war des Lebens nicht gedacht, des Lebens, der Nothwendigkeit, der Alltäglichkeit. Davon hatte sie doch nicht viel zu merken gehabt, solange Jacques für sie, für den Knaben sorgte! Und wo war damals die Liebe gewesen? Liess sich denn das nicht vereinen? Steht das in ewigem Widerstreit mit einander, wie Traum und Wirklichkeit? Und wenn es eben die Liebe wäre, die des Lebens Alltäglichkeit zu durchdringen, zu erheben, mit warmem Schein das kalte Leben zu erhellen, zu durchglühen hätte? Das war es ja, wonach sie sich gesehnt, das war es ja, was ihr gefehlt, warum sie von Jacques weggegangen!

Und wenn es das war — wo ist denn deine Liebe gewesen, Frau mit dem sehnsuchtsvollen Herzen? Hast du es denn verstanden, dem Mann, der unter Sorgen und Mühen einherkeuchte, das

Leben zu verschönen? Hast du es je versucht, wenngleich er selbst glücklich zu sein vermeinte, ihm selbst nichts zu fehlen schien? Mit jenem Unbekannten, Fremden wolltest du glücklich sein und hast es nicht versucht mit dem Mann, der für dich arbeitete, der dich in seiner Weise liebte, gewiss liebte, den du ja doch vor dem Traualtar genommen, wenn auch unter dem bestimmenden Einfluss deiner Eltern, wenn auch unbewussten Herzens! Und kam dein Herz erst in jener Stunde zur Erkenntnis, die zugleich dein Fall war, — bedurfte es der Sünde, des Unerhörten, der hastigen, blinden Hingabe, war kein Aufhalten in dem Rausch, dem die Ernüchterung so bald folgte? — Für alles gab es Entschuldigungen, ja Gründe, Berechtigung, und doch wieder behaupteten sich die Selbstanklagen.

O wie schwer war die Arbeit! Das war keine Befreiung, keine Erlösung. Diese mühevolle Arbeit brach allen Trotz, nahm alles stolze Selbstgefühl, die Meinung des Rechts mit sich fort, das die Frau ihrem Gatten gegenüber behauptet hatte. Sah sie nun klarer? War sie die Schuldige? Oder trübte die Noth, die Sorge ihren Blick? Gleichviel, wie es war, was Recht, was Unrecht — das Kind, um dessentwillen sie dieses Leben auf sich genommen, das Kind musste entbehren. Gerade dem Schicksal, vor dem sie es hatte bewahren wollen, gieng es entgegen. Ohne Vater! Eine Mutter, die unter den Qualen ihres Herzens fast zusammenbrach, die nie jene Freudigkeit mehr erlangen würde, deren Mangel sie so bitter empfunden, wie sollte sie das Kind zur Freude erziehen?

Der Knabe rief noch immer nach dem Vater. Er kam sich wohl wie verzaubert vor, wie in einem bösen Traum, der doch endlich ein Ende nehmen musste, sobald nur der Vater kam. Er wurde blässer und magerte sichtlich ab. Oft musste die Mutter sich in der Arbeit unterbrechen, nicht bloss, um in einem freien Athemzug auch dem belasteten Herzen Erleichterung zu verschaffen, sondern auch, um das Kind auf den Schoss zu nehmen, es zu liebkosen, mit ihm eine Weile zu spielen, ihm aus dem Märchenbuch vorzulesen, die Geschichte vom kleinen Däumling, der mit seinen Geschwistern in den finstern Wald geschickt wurde, weil die armen Eltern kaum für sich zu essen hatten, oder von dem Aschenbrödel, das solang schwere Arbeit verrichtet, bis der Prinz kommt, sie heimzuführen, und wie die Märchen alle lauteten, die er nicht müde wurde zu hören, und die er immer nachzuerzählen versuchte, nur dass ihm alle Märchen zusammen wie ein einziges grosses Märchen vorkamen, worin alle Kinder verstossen wurden und hungerten und weinten, bis endlich der Papa kam! Ja, der Papa soll kommen! — und Franz fieng in all der Märchenlust immer wieder zu weinen an und liess sich doch immer wieder mit dem Trostwort einlullen: „Sei still, Franzi, Papa kommt ganz gewiss, er hat mir schon geschrieben, morgen, morgen kommt er uns holen!"

XIV.

Auguste hatte am Samstag Abend die vollendete Arbeit abzuliefern, einen Theil des Erlöses dafür aber gleich auch zum Ankauf neuen Materials zu verwenden. Selbst die arme Handarbeiterin brauchte ein Capital, wollte sie nicht die Waren auf Credit nehmen und daher theurer bezahlen.

Von ihrer Vorstadtwohnung bis zu dem eleganten Verkaufslocal, das inmitten der Stadt lag, war der Weg weit, auch wurde sie im Laden immer lange aufgehalten, bevor alles erledigt war. Sie brach daher auf, noch ehe es dunkelte, und empfahl das Kind angelegentlich der Obhut des Dienstmädchens.

„Adieu, Franzi, sei recht brav; bis ich komme, bring' ich dir auch was Gutes mit."

„Bringst du auch den Papa mit?" fragte der Knabe.

„Ja, mein Kind, auch den Papa."

Sie eilte aus der Küche, wo sie das Kind zurückliess. Wenn sie nun wiederkehrt, und das Kind mit der eigenthümlichen Hartnäckigkeit der Kinder wieder nach dem Vater fragen wird, was wird sie dann wieder antworten? Wie wird sie das Kind wieder beruhigen? — Doch rasch, damit sie nur bald zurückkehrt. —

Sie hat ihr Geschäft abgewickelt und macht sich auf den Heimweg. Wie sie hastig um eine Strassenecke biegen will, stösst sie fast in einen Mann, der langsam, wie träumerisch einherschlendert. Er blickt verwundert auf, sie ist schon weitergeeilt, er sieht ihr nach, und mit zwei Schritten hat er sie eingeholt.

„Wahrhaftig, Sie sind's! Welch ein glücklicher Zufall!"

Sie erschrickt, sie blickt in ein fremdes Gesicht.

„Nun, meine schöne Nachbarin," sagt er lachend „Sie erkennen mich nicht wieder?"

Alles Blut ist aus ihren Wangen gewichen, ihre Lippen bewegen sich, ohne einen Laut hervorzubringen; sie wankt.

„Ich will Sie ein bischen begleiten, wenn Sie nichts dagegen haben," sagt er und geht neben der Frau, die noch immer kein Wort findet, langsam einher. „Es ist doch schon ein paar Jahre, schöne Auguste — so heissen Sie doch, nicht wahr? — o wie könnte ich das vergessen! Diesen Mund! diese traurigen und brennenden Augen! Und Sie haben sich gar nicht verändert, ja Sie sind schöner geworden! Ich war seither einigemal wieder in dieser Stadt — bin noch immer ein Landstreicher — und jedesmal dachte ich Ihrer, aber wie sollte ich Sie finden? Den Zufall muss ich preisen, wie ich ihn das erstemal zu preisen hatte!"

O Qual! O Schande! Das ist der Mann. Nun hat sie ihn auch ganz wieder erkannt, nun erinnert sie sich dieser Stimme voll schmeichelnden Wohllauts, dieses vornehm leichten Tones, dieses bald überlegen und bald begehrlich funkelnden, anziehenden Blicks, dieser selbstbewussten, sicheren Manieren, welche ihr so imponiert hatten! Da führt er sie nun, als ob sie seine Beute wäre, wie damals, wo es ihm ja mit allen Verführungskünsten seiner Erfahrung doch nicht gelungen wäre, wenn nicht das Theater so mächtig auf sie gewirkt hätte, wenn nicht dieses Herz so verschmachtend nach etwas gelechzt hätte, was es sich schliesslich doch nur selbst zu geben vermag!

„Wollen Sie nicht meinen Arm nehmen, gnädige Frau?" fragte er.

„Ich danke, nein."

„Sie lieben es noch immer, zu schweigen," hub er wieder an, und suchte ihr ins Gesicht zu blicken, das sie fortwährend zu Boden gesenkt hielt.

Seine Beute! Ist sie nicht jetzt frei? Nicht Herrin ihrer selbst? Kann sie nicht wählen? Wenn sie sich schuldlos fühlt, trotzdem sie damals den einen Schritt gethan, den die Gesellschaft und das Gesetz verdammen und von dem doch kein Ankläger weiss — wer könnte sie heute anklagen, welcher strengste Richter sie heute verdammen? Aber sie liebt diesen Mann nicht, nein, wahrhaftig nicht.

Sie blickt ihn an, und ihre Blicke begegnen sich, und das triumphierend erwartungsvolle Lächeln, das um seinen Mund spielt, lässt sie erröthen. Nein, sie liebt ihn nicht. Doch dann hat sie auch kein Recht für sich, dann darf sie nichts von ihm wissen, muss ihn gehen heissen, dass er nie mehr ihre Pfade kreuzt. Aber wie soll sie ihm das sagen? Hat er sie denn wirklich damals verstanden, wo sie mit sich im Innern beschäftigt, so wenig gesagt? Wird er sie jetzt verstehen, wenn sie ihm ihre ganze Geschichte, dieses seltsame Irregehen ihres Herzens erzählt und die vermeintliche Sühne, die sie auf sich genommen? Und das ist nicht einmal nöthig. Geh', ich will nichts von dir wissen, du warst mein Unglück, braucht sie ihm nur zu sagen. Du darfst mich nicht mehr kennen, so wenig, wie ich dich kenne. Du bist mir fremd, mein Herz weiss nichts von dir. — Sie öffnet die Lippen zu dem feindlichen, trennenden Wort.

Da stehen sie beide schon vor dem Hause, wo sie wohnt. Und da fällt ihr auf einmal ein, was Franz ihr zurief, als sie gieng: „Bringst du auch den Papa mit?" Sie führt ihn ja mit, den Vater, sie braucht nur hinaufzugehen und ihm zu sagen: Hier ist dein Kind, das Kind jener unglückseligen Stunde. Um seinetwillen siehst du mich nun so, wie ich bin, um seinetwillen arbeite ich mir die Finger wund, schau' ich mir die Augen starr, hab' ich mich von dem Manne getrennt, dem ich die Pflicht gebrochen und dann noch das Herz dazu. Um dieses Kindes willen sei dir Willkommen geboten. Nicht für mich wollte ich mehr leben, da ich von meinem Manne schied, und will auch jetzt nichts mehr für mich, aber dieses Kind, unser Kind, soll nicht dahinsiechen und welken, soll nicht der Dürftigkeit verfallen, der herzerstickenden, es soll in Freuden leben, und du kannst ihm das bieten, du musst es, du, sein Vater!

Sie blickt noch einmal zu dem Fremden auf.

„Kommen Sie!" sagt sie leise.

Und er folgt ihr rasch durch die geöffnete Hausthür.

XV.

Sie steigen langsam die Stiegen hinauf, Auguste öffnet die Küchenthür und tritt aus der Küche ins Zimmer. Der Fremde bleibt hinter ihr in der Thüre stehen.

Aber was ist das? Im halbdunklen Zimmer steht die Gestalt eines Mannes. Er hat den Knaben auf dem Arm und singt. Sie kennt das Lied, sie erkennt den Mann. Vor ihren Augen wird es Nacht und dann wieder Tag; der letzte Sonnenstrahl, bevor er hinter die Dächer sinkt, verweilt noch einmal im Zimmer.

Das Kind hat die Thür öffnen gehört und blickt hin.

„Mama! Mama!" ruft der Knabe triumphierend, „Papa is detommen, mein Papa is detommen, mein Papa!" und er schlingt seinen Arm fest um den Hals des Vaters.

Aus der zusammengeschnürten Kehle der Mutter drängt sich ein wilder Aufschrei her. Es ist die Todesangst und das Jauchzen zugleich eines befreiten Herzens.

„Jacques!" ruft sie.

„Ich konnt' es nicht länger aushalten!" sagt er mit etwas unsicherer Stimme.

„Jacques!" Und sie hängt weinend an seinem Halse. Und fällt dann zu seinen Füssen nieder. — —

Der Fremde ist still wieder die Treppe hinuntergestiegen. Er hat nicht ganz verstanden, was da oben vorgegangen, aber er war sicher, überflüssig zu sein.

Er tritt auf die Gasse. Was mit dem Abend? Er zieht die Uhr hervor. „Sieben Uhr! Da hab' ich noch Zeit, ins Theater zu gehen." —

Am Ufer des Manzanares.

„... Ich schwöre Ihnen zum tausendstenmale, edle Donna, ich weiss es nicht. Weder von meinem Namen, noch von meiner Herkunft habe ich die blasseste Ahnung. Seit dem fürchterlichen Augenblicke, da ich dich, herrliches Weib, mit den Fluten ringen sah, ist mein Vorleben wie mit einem Zauberschlage meinem Gedächtnisse entschwunden. Das ungeheuere Entsetzen hat meine ganze Vergangenheit von der Tafel der Erinnerung hinweggewischt!"

Wehmüthig sah sie ihn an, die reizende Donna Dolores Fuertes de Barriga. „Das ist schlimm," sagte sie, „allein es kann nichts ändern an dem Gebote der Dankbarkeit. Und ausserdem (sie senkte lächelnd die langen Wimpern über die süsse Glut ihres Blickes) — ausserdem drängt mich die Situation, in welcher Sie, heldenmüthiger Freund, mich dem Manzanares entrissen... Kurz alles spricht für die Gewährung Ihrer Bitte."

Aufjubelnd sank er ihr in die Arme. Der Mond trat aus den Wolken hervor und streute durch den Schatten der Kastanien bläuliches Geflimmer über den marmornen Liebesgott; der Springbrunnen plätscherte, zahlreiche Nachtigallen wetteiferten in hinreissend entzückendem Gesang, dazwischen vernahm man hin und wieder die fernen Klänge von Mandolinen und Castagnetten, sowie den Jubel tanzender Mädchen — kurz, es entwickelte sich eine jener unvergesslichen Scenen, an welche jeder Leser immer gern zurückdenken wird, wenn er selber einmal das Vergnügen hatte, an der Seite einer jungen schönen spanischen Witwe — denn eine solche war Donna Dolores Fuertes de Barriga — in deren weiten, blühenden und vollständig schuldenfreien Ländereien am Ufer des Manzanares in mondbeglänzter Zaubernacht spazieren zu gehen...

„Was ist dir, Geliebter?" fragte sie angstvoll, als er plötzlich erbebte, wie von starkem Fieberfrost geschüttelt.

„Sei unbesorgt," gab er zur Antwort, „es hat nichts zu bedeuten. Es ist nichts weiter als eine eigenthümliche Vision, die mich bisweilen umfängt. Wie durch einen Flor sehe ich dann einen unheimlichen, schielenden, struppigen Graubart, der meine Schulter fasst und rüttelt... Aber diese seltsame Erscheinung pflegt bald vorüberzugehen. Offenbar ist es die Nachwirkung der Erkältung, die ich mir zuzog, als ich dich, geliebte Dolores, den Fluten des Manzanares entriss!"

* * *

Im Stillen wollten sie ihres Glückes sich freuen. Erst dann sollte ihr Bund die priesterliche Weihe erhalten, wenn es dem Bräutigam der holden Donna gelungen sein würde, sich selbst auf die Spur zu kommen und das Geheimnis seiner Vergangenheit zu entschleiern.

So verstrich eine lange Reihe ungezählter Wonnetage. Im vollen Wortsinne namenlos glücklich, gewöhnte sich der Geliebte der jungen Witwe an die Schüttelvisionen, die ihn zeitweilig heimsuchten. Sein Name lag ihm fortwährend sozusagen auf der Zunge, aber einfallen wollte er ihm doch nicht. Nur die eine unbestimmte Empfindung hatte er, dass der Anfangsbuchstabe seines Namens M sein müsse. Wie schwach dieser Lichtstrahl war, so fand Donna Dolores daran doch vorläufiges Genügen. „M, M, einzig geliebter M!" stöhnte sie, wenn sie an seinem Herzen lag, und es war merkwürdig, was für einen schmeichelnden, sinnberückenden Wohllaut sie diesem einfachen M zu geben wusste!

Aber eines Tages trat sie mit freudig leuchtenden Augen vor ihn hin. „Geliebter, ein wichtiger Fund!" sagte sie. „In jenem Augenblicke, als meine Kraft im Kampfe mit den Wellen des Manzanares erlahmte, da sah ich auf dem menschenleeren Ufer plötzlich deine Gestalt auftauchen, mein süsser M! Mit einem Ruck hattest du dich deines semmelgelben Ueberziehers entledigt und warst ins Wasser gesprungen... Heute endlich ist es meiner Dienerschaft gelungen, jenes Rockes habhaft zu werden. Ein armer Fischer hatte ihn gefunden und ... hier in der Brusttasche entdeckte ich dieses Blatt Papier. Es enthält Verse in einer fremden Sprache, ich glaube, es sind deutsche Verse. Vielleicht genügen sie, dich auf deine Spur zu führen."

Der Freund der Donna nahm das Manuscript und las:

> Genug der öden Rührerei
> In widerlichem Phrasenbrei!
> Die Folgen sind mir einerlei,
> Ich will es sagen frank und frei,
> Dass Eure ganze Kumpanei —
> Herr Peter Protz in erster Reih' —
> Ein elendes Gelichter sei!

Wie Schuppen fiel es ihm von den Augen, als er dies gelesen hatte. „Ah," rief er aus, „ich hab's. Ich habe mich! Vernimm denn, Geliebte, die Geschichte dieser Verse, die den Anlass dazu gegeben haben, dass ich der Glücklichste unter der Sonne geworden bin ... Peter Protz ist der Bürgermeister meiner fernen Vaterstadt. Eines Tages erhielt dieser Peter Protz von einer ausländischen Schwindelakademie den goldenen Stern für Tugend und Weisheit. Zur Feier dieses Ereignisses gab die Blüte der Bürgerschaft Herrn Protz ein Festmahl im Schiesshaussaale. Nach einer Reihe schwungvoller Trinksprüche, in welchen Herr Protz und seine Freunde einander beräucherten, nahm auch ich das Wort, um in poetischer Form den Gedanken auszudrücken, dass die verehrliche Festgesellschaft ein elendes Gelichter sei. Wegen dieses Trinkspruchs, dessen Entwurf du, geliebte Dolores, in meinem Ueberrocke gefunden hast, wurde ich vor das Gericht gebracht und zu vier Wochen Arrests verurtheilt. Als der erste Abend meiner Haft hereinbrach und das Gemach sich vollends verdunkelte, da ereignete sich etwas Wunderbares. Zwei hüllenlose Frauengestalten standen plötzlich vor meinem ärmlichen Lager. Eine von beiden, und zwar die weit weniger Schöne, trug eine Fackel und sagte freundlich: „Ich bin die nackte Wahrheit, und diese hier, meine schönere Schwester, ist die blosse Illusion. Sie wird dir die Freiheit wiedergeben, die du in meinem Dienste verwirkt hast!" Kaum hatte sie dies gesagt, da befand ich mich plötzlich in prächtigem Sonnenschein am Ufer des Manzanares... Im Wasser aber...

Bei diesen Worten unterbrach er seine Erzählung mit dem ängstlichen Rufe: „Rette mich, Dolores — er ist wieder da, der schielende Mann, der struppige Graubart! Er fasst mich, er schüttelt mich... Hilfe, Dolores, rette mich!"...

* * *

Er schlug die Augen auf.

Vor ihm stand der schielende, struppige, graubärtige Gefängniswärter und der alte gutmüthige Arzt Dr. Blasius. Der Graubart schlug die Hände zusammen und rief: „Noch nicht dagewesen!" Der Doctor aber reichte dem Erwachten die Hand und sagte: „Bravissimo, ich gratuliere! Die Wissenschaft kennt eine ganze Reihe von Langschlaffällen. Dass aber ein Verurtheilter genau die vier Wochen seiner Arrestzeit verschläft, ist in der That noch nicht dagewesen. Soeben ist Ihre Strafzeit abgelaufen, der Wärter hat noch einen letzten energischen Versuch gemacht, Sie zu erwecken.... Meiner Seel', ein merkwürdiges Glück! Nun, ich gönn' es Ihnen, denn eigentlich hatten Sie ja vollkommen Recht mit Ihrem poetischen Trinkspruch... Schlecht scheint es Ihnen in diesen vier Wochen nicht gegangen zu sein. Sie haben ja förmlich vor Wonne gestrahlt Tag für Tag. Wo sind Sie denn eigentlich die ganze Zeit gewesen, lieber Herr Müller?"

Der Erwachte rieb sich die Augen und seufzte: „Am Ufer des Manzanares!"

Die Schwarzen beim „Schwarzen".

Drei schwarze Teufel sassen beim schwarzen Kaffee und erzählten einander allerlei schwarze Geschichten: kleine lustige Geschichten, die sie erlebt hatten auf der Oberwelt.

Der erste erzählte, wie folgt, die Geschichte

Vom Bruder des armen Mannes.

Ein blasser Jüngling stand vor dem Schaufenster einer höheren Wurschthandlung und verzehrte mit gierigen Blicken sein optisches Mittagessen. Seiner anständigen Gewandung sah man's gar nicht an, wie unanständig leer sein Magen war. Da kam ein vornehmer Mann des Weges einher mit Augen voll ernster Güte. Der blieb stehen, warf einen prüfenden Blick auf den bleichen Jüngling und sagte lächelnd:

„Ei, Bruder, du hast wohl Hunger?"

Verwundert blickte der andere auf und gab zur Antwort:

„Was den Hunger betrifft, so stimmt es wohl, — aber der Bruder?"

Da lachte der vornehme Herr. „Wenn's mit dem einen stimmt, dann stimmt's auch mit dem andern. Ich bin der Bruder des armen Mannes. Komm mit mir!"

Und er führte ihn in einen Speisesaal ersten Ranges. Bald stand zwischen den beiden eine erquickende Pracht von Schüsseln und Flaschen, und wie sein bleicher Gast mit wilder Hast zu löffeln und zu gabeln anhob, da wuchs auch dem Herrn mit den ernsten gütigen Augen das Behagen, und sie löffelten und gabelten mit einander um die Wette. Und als ihnen vollends aus grünen Gläsern fliessend der edle deutsche Wein das Herz aufthat, da trafen einander ihre Blicke mit wunderbarem Leuchten. „Herr," sprach der Jüngling leise, lebhaft, „Sie ahnen nicht, was Sie an mir gethan. Sie haben mir wiedergegeben, was ich verloren: den Lebensmuth, den Glauben an die Menschheit!"

„Es lebe die Menschheit!" rief der andere sein Glas erhebend.

„Es lebe das Mitleid, das den Menschen adelt!" fügte der Jüngling hinzu.

So sassen sie lang beisammen, bis die trefflichen Guldencigarren kamen und die zierlichen Kaffeemaschinen, umzüngelt von leichter blauer Flammenhülle.

Während der Bruder des armen Mannes sich für einen Augenblick entfernte, sass der Jüngling selig lächelnd da und sah dem Spiele der feinen Rauchwölkchen zu, ohne dessen zu achten, wie die Zeit verrann...

Plötzlich stand ein steifer Gentleman mit englischem Bart und kalter feierlicher Miene vor ihm und lispelte:

„Belieben zu zahlen?"

„Aber der andere, jener Herr..."

„Jener Herr ist vor einer Stunde fortgegangen."

Da fuhr der Jüngling auf und blickte wirr um sich. Er konnte es nicht fassen, dass der Bruder des armen Mannes ein Zechpreller war, der ihn als Zechpfand hatte sitzen lassen...

* * *

Der zweite Schwarze nahm, nachdem diese Geschichte genügend belacht worden war, das Wort und sagte:

Eigentlich, liebe Collegen, seid Ihr doch wirklich ein recht bösartiges Gezücht. Ich aber bin ein gutmüthiger Teufel, und während Ihr Euer Ergötzen fandet an Noth und Schurkerei, gieng ich neulich das Erdenglück suchen. Wisst Ihr, wer der Mensch war, bei dem ich es endlich fand, das Glück? Es war

Der Kaiser von China.

Kein Parlament plagt ihn und keine Regierungssorge. Er hat nichts zu thun, als den ganzen Tag das Wonnegefühl zu geniessen, dass er der Kaiser von China ist. Seinen Palast darf er freilich niemals verlassen, weil er den Nimbus seiner Würde wahren muss. In seinen Gemächern aber und in dem grossen prächtigen Park ergeht er sich mit köstlichem Behagen. Den Zwang der steifen Formen hat er hier vollständig abgeschafft. In voller Unbefangenheit gehen die Höflinge hin und her. Er hat es ihnen streng verboten, sich vor ihm auf den Bauch niederzuwerfen. Sie dürfen sich nicht im geringsten genieren. Er hat dies ausdrücklich angeordnet, und sein Wille ist ihnen natürlich — suprema lex.

Ein Ausdruck unendlicher Seligkeit verklärt sein Angesicht, wenn er unter den schattigen Bäumen dahinwandelt und dem Gesange der Vögel lauscht. Immer und immer wieder sagt er sich's: „Ich bin der Kaiser von China!" — Dieses Bewusstsein genügt ihm; es ist ihm ein unversiegbarer Quell des höchsten Frohgefühls. In den ehrfurchtsvollen Mienen seiner Umgebung, die nach Möglichkeit der anbefohlenen Zwanglosigkeit zu entsprechen sucht, liest er es: — aus dem Rauschen der Bäume tönt es ihm entgegen: — die Vögel schmettern es jubelnd in die Lüfte: „Heil dir, Kaiser von China!"

Stundenlang hab ich ihm zugesehen, und habe mich seines Glückes ehrlich gefreut, weil ich ein gutmüthiger Teufel bin. Und auch in sein Schlafgemach folgt' ich ihm, und blieb, bis er selig lächelnd eingeschlafen war. Und da sah ich, wie der blasse Mond hereinlangte, und wie der lichte, bläuliche Strahlenarm über das Ruhelager hinglitt. Und ich sah, wie der Schläfer sich langsam aufrichtete, und wie das Lächeln von seinen Lippen verschwunden war, und wie ihm die Augen hervorquollen und sein Antlitz sich verzerrte. Ich sah, wie er sich die Haare raufte, wie er den Kopf an die Wand schlug — den armen Kopf, durch den der lichte Strahl gefahren war. Und ich hörte den Kaiser von China bitterlich schluchzen, weil es ihm in stiller Nacht wieder einmal klar geworden, dass sein schöner Palast nichts weiter ist als ein Narrenhaus und er selber ein armer närrischer Schneider, — und weil er an sein Weib denken musste und an die fünf Kinder in Jammer und Elend.

Aber am nächsten Morgen stand er wieder unter den rauschenden Bäumen, rieb sich vergnügt die Hände und murmelte:

Ich bin der Kaiser von China!

* * *

Auch diese Geschichte rief schallendes Gelächter hervor, doch konnte der dritte Schwarze nicht umhin, sich gegen eine Bemerkung des Vorredners zu verwahren.

Was mich betrifft — begann er — so muss ich entschieden dagegen protestieren, dass unser Freund die Ehre, ein gutmüthiger Teufel zu sein, für sich allein in Anspruch nimmt. Auch ich sehe mir sehr gern bisweilen einen glücklichen Menschen an, doch pflege ich das Glück nicht im Narrenthurm zu suchen, sondern

Am häuslichen Herd.

Ich hatte mir es nicht versagen können, heimlich mit hineinzuschlüpfen, als die junge, hohe, schlanke, blonde Frau, der ich vormittags über als unsichtbarer Begleiter gefolgt war, ihr Heim betrat. Da sass auf den Knien ihres Gatten das Töchterlein, ein reizendes Abbild der schönen Mutter.

„Aber Elsa — so lang!" sagte der Mann mit zärtlichem Vorwurf. Sie aber staunte ihn an mit ihren grossen blauen Augen, umarmte ihn und drückte das Kind ans Herz. „Weisst du, Linchen, wen ich auf der Strasse getroffen habe? — Denk dir nur: den Nikolo!"

Das Mädchen sprang fröhlich auf. „O bitte, Mama, erzähle! Wie sieht er aus? Was hat er gesagt? Was wird er mir bringen?"

Und die junge Frau erzählte mit trefflicher Mimik und lebhafter Anschaulichkeit: „Als ich über den Graben gieng, kam er mir entgegen mit seiner grossen Bischofsmütze und seinem langen weissen Bart. Er sah mich an und sagte: ‚Bist du nicht Linchens Mama?' — ‚Ja wohl, Herr Nikolo!' gab ich zur Antwort. Da musst' ich mit ihm gehen weit vor die Stadt hinaus in seine Hütte. Dort gab es eine Menge des herrlichsten Spielzeugs, Aepfel und Nüsse, Feigen und Datteln, aber auch grosse Ruthen mit rothen Bändern. Sieh, sagte Nikolo, wenn Linchen unfolgsam und zornig ist, so bekömmt sie nichts weiter als eine solche Ruthe. Aber wenn sie gehorsam ist, wenn sie früh, mittags und abends artig betet, dann will ich ihr etwas Wunderschönes bringen, aber du darfst es noch nicht verrathen."

„O bitte, bitte, Mama, verrath mir's doch!" flehte das Kind, das dem Berichte athemlos gelauscht hatte. Und so spann sich das Geplauder zwischen Mutter und Töchterlein fort, und der Mann der jungen Frau hörte mit verklärtem Lächeln zu, wie die Erzählerin nicht müde wurde, immer wieder neue drollige Einzelheiten vorzubringen. Ach — so hörte ich ihn murmeln, und seine Augen glänzten vor Freude — wie allerliebst sie lügen kann!

Und meiner Seel', auch ich war entzückt davon, wie allerliebst sie log, diese junge Frau! Ihr müsst wissen: aus einem Dragonerhelm hatte sie im Handumdrehen eine Bischofsmütze gemacht — aus einem kleinen schwarzen Schnurbärtchen einen langen weissen Bart! ... Doch — überzeugt Euch selbst. Ich hatte mir es nicht versagen können, die interessanteste Scene des Erlebnisses, über das sie so allerliebst zu lügen wusste, in einer photographischen Momentaufnahme festzuhalten. Denn mir allein hatte ich diesen Anblick nicht gegönnt, weil ich ein gutmüthiger Teufel bin ...

Als er ihnen das Bild hinreichte, gab es ein grossartiges Grunzen, Gröhlen und Johlen. Die Schwarzen rissen einander das Bild aus den Händen! Es war ein Höllengaudium!

He- und Ludwig oder Lu- und Hedwig.

Eine Anregung zugunsten unserer schönen Literatur.

Unsere schöne Literatur ist ja wirklich sehr schön. Jeden Tag wird sie schöner. Mit Befriedigung gewahren wir dies allemal beim Frühstück, wenn wir in der Zeitung lesen, dass der vaterländische Lyriker Peter Zappel abermals einen Band seiner reizvollen, eigenartigen, duftigen, ganz und gar unvergleichlichen Gedichte hat drucken lassen.

Oder: dass das Blatt in der glücklichen Lage ist, mit Beginn des neuen Vierteljahrs aus der gediegenen Feder des rühmlich bekannten Paul Dingsda einen funkelneuen Originalroman zu veröffentlichen, welcher in die tiefsten Nachtseiten menschlicher Verkommenheit grell hineinleuchten und dabei doch äusserst angenehm zu lesen sein wird. Oder: dass der verehrte Humorist Wenzel Kratochwil in Neutitschein auf eindringliches Zureden seiner Freunde sich endlich entschlossen habe, eine Sammlung seiner höchst humoristischen Humoresken. erscheinen zu lassen.

Ja, sie wird immer schöner, unsere schöne Literatur; nur ein wenig zu dick ist sie geworden — finden Sie nicht auch? — Warum sie so dick ist? — Nach reiflichem Nachdenken glaube ich der Wurzel dieses Uebels auf die Spur gekommen zu sein. Es scheint mir nämlich, dass die meisten unserer Literaturleute viel zu viele Worte verwenden für das, was sie eigentlich zu sagen haben. Wenn man ihnen dies vorhält, so wollen sie's freilich nicht glauben. Dieser Starrsinn ist immerhin erklärlich bei Schriftstellern, die nach dem gelieferten Quantum bezahlt werden. Ein solcher Mensch will, was aus rein menschlichen Gesichtspunkten verzeihlich, möglichst viel einnehmen, darum gibt er möglichst viel von sich. Was aber soll man dazu sagen, dass jene lyrischen Selbstverleger, jene Gratisgeistesblitzer, jene uneigennützigen Druckpapierverderber, welche regelmässig den durch ihr Talent angerichteten Schaden aus eigener Tasche vergüten — was soll man dazu sagen, dass auch alle diese braven Leute, die ihr

„Glaube an sich selbst" ohnehin genug Geld kostet, sich eigensinnig weigern, in ihrem eigenen Interesse ihre geistigen Erzeugnisse knapper zusammenzufassen?

Es geht nicht! pflegen sie zu sagen. Ich aber antworte: Es muss gehen! Gewöhnt Euch nur daran, zunächst im kleinen zu sparen! — Lernt mit den Silben knickern, dann werdet Ihr bald mit den Worten kargen und mit den Sätzen knausern, und schliesslich werdet Ihr Euch gewöhnen, mit Euern literarischen Darbietungen überhaupt zu geizen. Welch edler Geiz!

Ja, es ist meine feste Ueberzeugung: jede Silbe, die unserer dicken schönen Literatur erspart wird, ist Goldes wert! Was aber schon durch einfaches zielbewusstes Zusammenfassen gleich endender Wörter an Silbenersparung geleistet werden könnte, will ich in meinem näch- in Leip- oder wenigstens in Danzig erscheinenden Roman „Lu- und Hedwig" sonnenklar beweisen. Kein Unbefangener, hoff' ich, wird mir, sobald er meinen Roman gelesen, das Zugeständnis versagen, dass thatsächlich jede einzelne Silbe, die ich mir in diesem Romane zu ersparen gewusst, einen positiven Gewinn für unsere Literatur bedeutet.

He- und Ludwig, so ungefähr wird mein Roman beginnen, hatten gleich Mak- und Mozart in der gottgese- wenn auch gewöhnlich verregneten Stadt Salzburg das Licht der Welt erblickt. Hedwig glich einer reizenden Kno- und hatte die Taille einer Wespe. Sie schwärmte für Hei- und Börne, für Wie- und Uhland, für Auer- und Baumbach, für

Fritz Mauth- und Richard Wagner. Ludwig war ein Jüng-, hold wie der Frühling. Er hatte rothe Ba- und blonde Locken und war zwar ein schlechter Flö- aber ein ausgezeichneter Kartenspieler. Im Gedämmer einer Lau- schwuren sie einander treue Lie- bis zum Grabe ... u. s. w.

Vermöge solch energischer Zusammendrängung einer strotzenden Fülle gediegenen Inhalts dürfte der Roman den Umfang von zwanzig Druckbogen kaum überschreiten, und doch wird jeder gebildete Leser daran vollauf genug haben!

Vollends aber meinen geehrten Mitlyrikern kann ich meine Anregung gar nicht warm genug ans Herz legen! Wie schön und wie knapp vermochte ich zum Beispiel die immerhin mögliche Begebenheit, dass einer — vor Liebchens Fenstern lauschend — durch das Traumgezwitscher der über den Fenstern nistenden Schwalben in missverständliche Eifersuchtsqual geräth, künstlerisch auszugestalten in dem Gedichte:

Schwalbentraumgezwitscher.

Als ich ge- im Fin- vor deinen Fen-
Einsam lauschend hört ein heimlich Flü-stern
Suchten Zweifel mir gleich Truggespen-
Meines Herzens Ruhe zu verdü-stern!

Heut erzählt mir eine deiner Schwe-
Dieses Flü-, es käm' aus Schwalbennestern.
Nun zerrinnt mein Leid wie Frühlingsschnee.
Welch ein Esel, Liebchen, war ich gestern!

Oder wie — ich darf wohl selbst sagen: reizend gelangt die — wie man vielleicht freundlichst einräumen wird: anmuthige Idee, an Stelle der weissen

Rosen auf Liebchens Brust sitzen zu wollen, zu knapp dichterischem Ausdrucke in meinem Liedchen:

Die Ro- an ihrem Busen.

Wenn ich die weissen Ro-
An deinem Bu-sen sehe,
Dann fühl' ich mich theils froh —
Theils aber wird mir wehe.

O könnt' auch ich als Blu-
Auf meiner Da-me wohnen —
Wie würd' ich da theils schlu-
Theils jau-chzend auf ihr thronen!

Wohlan denn, möge mein Beispiel Nacheiferung wecken! In der Beschränkung zeigt sich der Mei-; dies beweisen wohl deutlich genug die hier vorgelegten Muster!

Aphorismen.

Es gibt in moralischem Betracht Menschen erster, zweiter und dritter Classe.

Der Mensch erster Classe wird, so oft er mit sich über sich spricht, niemals genöthigt sein, erröthend den Blick zu senken, und als entlarvter Schubjack vor sich selbst zu stehen.

Der Mensch zweiter Classe wird in solchen Selbstgesprächen, so leid es ihm thut, doch zugeben müssen, dass er in diesem und jenem Falle sich thatsächlich als ein Schubjack benommen habe.

Der Mensch dritter Classe wird über dieses Thema gar niemals mit sich selbst sprechen, weil er es bei sich als längst bekannt voraussetzt, dass er ein Schubjack ist.

Die Menschen erster Classe sind so selten, dass die Menschen zweiter Classe immer noch froh sein müssen, wenigstens nicht der dritten Classe anzugehören.

* * *

Die Kritik der Schöpfung wird selbst bei den wohlwollendsten Ausgangspunkten im ganzen ablehnend sein müssen.

Mängel, Niederträchtigkeiten, Lächerlichkeiten und Verkehrtheiten, wohin man blickt.

Die elendesten Cigarren werden von den vortrefflichsten Menschen geraucht, und die elendesten Menschen rauchen die vortrefflichsten Cigarren.

So mancher brave Mann erfreut sich einer einzigen, noch dazu seiner eigenen Frau, während mancher Lump die intimsten Beziehungen zu gar vielen reizenden, anmuthigen und interessanten weiblichen Geschöpfen unterhält. So straft sich immer wieder die Tugend selbst, wogegen das Laster sich selbst belohnt.

Wonnegrunzend pantscht der feiste Volksausbeuter mit seiner Brut im herrlichen Seebad. Der ehrliche Antisemit jedoch nimmt höchstens einmal im Jahr ein Fussbad.

Oder er vergönnt sich nicht einmal dieses!

Zweiköpfige Kälber, welche von aller Welt angestaunt werden, und welche eine ganze Schaubudenbesitzer-Familie zu ernähren im Stande sind, werden äusserst selten geboren. Die lästige zwecklose Wanze dagegen vermehrt sich unaufhörlich.

Aehnliches zeigt sich auf dem Gebiete der Kunst und Literatur.

* * *

Und dennoch: die Mache der Schöpfung ist grossartig, bewunderungswürdig!

Der Stoff allein, woraus die Welt gemacht wurde, ist schuld an allen Unzulänglichkeiten und Absurditäten. Denn aus Nichts ist die Welt erschaffen worden, und Nichts ist entschieden das allernichtsnutzigste Material. Die genialste Behandlung vermochte nichts Besseres daraus zu machen.

www.ingramcontent.com/pod-product-compliance
Lightning Source LLC
Chambersburg PA
CBHW021359230426
43666CB00006B/584